La América Precolombina

Manuel Lucena Salmoral

ANAYA

Colección: Biblioteca Básica
Serie: Historia

Diseño: Narcís Fernández
Maquetación: Pablo Rico
Comentarios a las ilustraciones: Manuel Gónzalez

Coordinación científica: Joaquim Prats i Cuevas
(Catedrático de Instituto y
Profesor de Historia de la
Universidad de Barcelona)

Juan Ignacio Luca de Tena, 15. 28027 Madrid

Primera edición, septiembre 1989
Segunda edición, julio 1992
Tercera edición, mayo 1998
Cuarta edición, diciembre, 1999
Quinta edición, abril 2001

I.S.B.N.: 84-207-3420-9
Depósito legal: M. 12.259-2001
Impreso en ANZOS, S. L.
La Zarzuela, 6. Polígono Industrial Cordel de la Carrera
Fuenlabrada (Madrid)
Impreso en España - Printed in Spain

Contenido

De las bandas primitivas al esplendor de los imperios

Los incas aseguraban que antes de su civilización no hubo sino barbarie, con hombres desnudos en las selvas o vestidos de pieles en las montañas, que combatían y se devoraban entre sí, como bestias salvajes. Los incas aparecieron así de la nada, como un regalo del dios sol, que mandó surgir la primera pareja civilizada, un hombre y una mujer, del lago Titicaca. Esta pareja originó toda la cultura incaica.

La interpretación inca del pasado histórico no era ignorancia, sino una maniobra política para extirpar en su Imperio la sombra de otras muchas civilizaciones notables que habían florecido cuando ellos eran un pueblo insignificante y de las que habían tomado sus adelantos culturales. Tenían miedo de la Historia y decidieron arreglarla a su antojo.

También los aztecas empezaron a elaborar una interpretación chovinista sobre los pueblos que vivían fuera de sus dominios, particularmente los del norte, donde tenían sus ancestros y sus hermanos. De esta forma ocultaban sus raíces de pueblo bárbaro. Finalmente, los mayas tuvieron una imagen nefasta del pasado que les antecedió, considerando que fueron pueblos pecadores, exterminados por los dioses. Ellos eran los más santos. Incas, aztecas y mayas no eran en realidad sino resultado de un proceso de evolución cultural que había durado 13.000 o quizá 40.000 años y que se pretendía desconocer.

Lamentablemente, todavía hay quienes creen que los incas, aztecas y mayas son las únicas civilizaciones de la América precolombina, y que surgieron de la nada. Y esto no es por política, como antaño, sino por ignorancia.

La civilización no la regalaron los dioses, sino que la hicieron los hombres subiendo paso a paso unos escalones culturales que denominamos Paleoindio, Arcaico, Formativo, Clásico y Posclásico, que vale la pena estudiar, porque si no será imposible comprender su resultante: los incas, los aztecas y los mayas.

Démosle un rápido vistazo a este fascinante mosaico de culturas.

1

Los primeros invasores

No hay en América, como en África, Oceanía o Asia, restos de predecesores de los hombres que nos indiquen un proceso de hominización. No hay australopitecinos, pitecantropinos y ni siquiera sinantropinos. América no fue, por consiguiente, cuna de la hominización, sino que fue poblada ya por verdaderos hombres *(homo sapiens)* procedentes de otros continentes.

Las industrias líticas procedentes de yacimientos prehistóricos constituyen los primeros elementos de análisis de un pasado que, en el caso del hombre americano, está asociado a la caza, función para la que fueron realizadas tanto esta pieza como las de la página siguiente.

Las huellas de los pobladores más antiguos

Las primeras huellas de la presencia humana en el continente son unos utensilios de piedra, sobre todo unas puntas de proyectil, fabricadas mediante percusión por unos cazadores hace unos 13.000 años. También se han encontrado otras piedras que podrían servir para machacar y que datan de unos 40.000 años, pero son tan burdas que se duda fueran trabajadas por el hombre.

En todo caso, es seguro que el hombre ya vivía en América hace unos 13.000 años, y probable que lo hiciera hace 40.000. También resulta evidente que los primeros pobladores desarrollaron una cultura muy elemental, similar a la del Paleolítico del Viejo Mundo. Finalmente, se ha comprobado que los artefactos de piedra más antiguos proceden de América del Norte, y los más modernos, de América del Sur, lo que indica con claridad que dicho continente se pobló de norte a sur.

Los hallazgos arqueológicos demuestran así que América fue poblada por habitantes del Viejo Mundo que penetraron por América del Norte hace entre 13.000 y 40.000 años, es decir, durante la última glaciación, que transcurrió entre los 50.000 y 9.000 años antes de nuestra Era. Durante la misma, el norte de Canadá y todas las zonas montañosas, principalmente las Rocosas, estuvieron cubiertas de hielo. La flora era de líquenes y pinos gigantes o sequoias (venidas de Asia), y la fauna la formaban animales enormes (megalofauna), con grandes reservas de grasa, que les permitían soportar las bajas temperaturas.

Las hipótesis de poblamiento elaboradas sobre los datos científicos coinciden en aceptar que el primer grupo humano ingresó durante dicha glaciación por el estrecho de Bering, que separa América de Asia por sólo

90 kilómetros y que entonces, en momentos de máxima glaciación, estaría convertido en un puente de hielo entre ambos continentes, por el cual pasaron no sólo el hombre, sino también la fauna. Tras franquearlo, ingresaría al interior de lo que hoy son los Estados Unidos, donde han aparecido sus huellas; sus artefactos. Luego seguiría hacia Centro y Suramérica, poblándolas. A esta primera invasión siguieron luego otras procedentes de Polinesia, Melanesia y Australia, que darían origen a la diversidad del indio americano.

Los primeros pobladores

Los útiles y armas más antiguos.

Cazadores: Sandía y Clovis

Los grandes cazadores

El rústico poblador asiático era un gran cazador y se dedicó a capturar los grandes animales existentes. Algunos eran de origen asiático, como el mamut, el bisonte, el reno y el alce. Otros eran originarios de América, como el mastodonte, el caballo primigenio (desaparecido hacia el 5500 a. C.) y varios tipos de camellos (extinguidos en la misma época que el caballo americano).

Conocemos los cazadores más antiguos de América, llamados Sandía y Clovis, por los lugares donde se han encontrado sus restos: Nuevo México (Estados Unidos). Los Sandía fabricaban mediante percusión una punta de proyectil muy pesada, en forma de lanza y con una escotadura lateral o rebajamiento del núcleo muy cerca de la base, lo que servía seguramente para enmangarla en un palo y convertirla en arma arrojadiza. Con ella capturaban mamuts, caballos primitivos y camellos. Los Clovis hacían unas puntas muy aflautadas, con una acanaladura en ambas caras, que les servían para matar mamuts, animales en cuya captura se habían especializado.

Sandía y Clovis son casi coetáneos: 11500 a. C. Los primeros se extinguieron pronto y apenas salieron del territorio que hoy son los Estados Unidos, pero los segundos pervivieron hasta fechas muy tardías, sembrando con sus puntas Canadá, Estados Unidos, México, etcétera. Finalizada la última glaciación, al sobrevenir el Altitermal, o subida de las temperaturas, que marcaba la transición al Reciente, desaparecieron los grandes

Cuchillos, puntas de flechas, raspadores y raederas, han sido encontrados en diferentes asentamientos humanos a lo largo de todo el continente, proporcionando un variado repertorio de utensilios líticos del Paleoindio.

animales (megalofauna), y con ellos, los mamuts. El cazador Clovis se enfrentó al dilema de cambiar de hábitat, buscando sus presas predilectas en otro lugar, o cambiar de dieta. Adoptó ambas soluciones. Muchos de ellos emigraron hacia Centroamérica y penetraron en Suramérica, donde encontraron el mastodonte, un pariente del mamut, al que cazaron para sobrevivir. Llegaron así hasta lo que hoy es Ecuador, donde capturaron los últimos animales que quedaban de dicha especie. Luego tuvieron que adaptarse a otro tipo de dieta. Los que se quedaron en Norteamérica se transformaron en los llamados cazadores Folsom.

La caza hizo posible el asentamiento de los americanos primitivos.

Cazadores: los Folsom

Las puntas de proyectil son utensilios adaptados para un tipo de caza más individual y selectivo, a diferencia de las grandes hachas, confeccionadas con lascas de dimensiones notables y acabado tosco. La abundancia de caza y los cambios climáticos condicionaron las técnicas de captura de grandes herbívoros, que constituyen la base de la dieta alimenticia de los paleoindios.

Folsom es una pequeña localidad de Nuevo México, donde hace 9.000 años unos cazadores del Paleoindio atraparon a 23 bisontes y les dieron muerte arrojándoles lanzas con puntas de piedra. Allí se hallaron 19 de ellas, y dos estaban aún incrustadas en las vértebras de un bisonte. Fue la primera vez que los científicos pudieron demostrar que con tales utensilios podían cazarse los animales de la megalofauna, cosa que hasta entonces se dudaba. Luego se encontraron infinidad de puntas Folsom en otros lugares de Wyoming y Colorado.

Los cazadores Folsom fabricaron numerosos utensilios de piedra, como raspadores, hendidores, cuchillos, buriles, percutores, etc. El más importante era la punta de proyectil, que les permitía cazar bisontes, pues de ellos vivían. Era ligera y elegante, en forma de hoja, y tenía una gran acanaladura en ambas caras que ocupaban dos tercios de su longitud. Lo más interesante era que suponía un avance técnico, ya que estaba terminada por retoque a presión, esto es, sacándole pequeñas lascas mediante un artefacto puntiaguado de hueso o de madera.

Los Folsom no fueron la única adaptación de los cazadores Clovis. Otros muchos fabricaron distintos tipos de puntas, apropiados para cazar animales más pequeños. Se les conoce con nombres muy diversos, como Plainview, Midland, etc.

El cambio climático ocurrido a comienzos del Reciente obligó al gran cazador del Cuaternario a convertirse en recolector, ya que le resultaba imposible subsistir únicamente de la caza.

2

Los períodos Arcaico y Formativo

El período Arcaico podemos situarlo entre los años 6000 y 1200 a. C.; constituyó una época de transición desde una economía de apropiación (caza y recolección) hacia otra de producción (agricultura y ganadería). En realidad, el indio americano fue fundamentalmente recolector, ya que la caza no le brindaba una dieta estable y tampoco la agricultura, que empezó a desarrollarse débilmente. Recolectaba alimentos en todos los sitios, pero principalmente en la costa, donde abundaban los moluscos y los crustáceos. La permanencia en un mismo lugar de una banda formada por 15 ó 20 individuos durante un período de 50, 100 ó 300 años, y dedicada a comer crustáceos y moluscos, originó inmensos concheros, o depósitos de conchas: los caparazones de almejas, cangrejos, ostras, caracoles, etc., que sirvieron de alimento. Hoy son excavados en busca de restos de aquellos primitivos habitantes. (Recordemos que el término *indio* procede del error de Colón, que creyó arribar las costas de la India cuando desembarcó en América, por lo que llamó *indios* a los indígenas del Nuevo Continente.)

Pinturas rupestres de la Baja California, zona dotada con gran número de abrigos rocosos decorados con figuras humanas, recuerdo de la presencia de los hombres en estos parajes, datada a partir del período Holoceno.

Los comienzos de la agricultura y la ganadería

La preocupación del indio por encontrar un alimento estable le llevó a experimentar con plantas y animales, tratando de domesticarlos. El proceso, muy laborioso, llevó miles de años, pero al cabo tuvo éxito, sobre todo en el primero de dichos terrenos. América es una de las cunas de la agricultura mundial, junto con Mesopotamia, Egipto, el valle del Indo y el de Hoang Ho.

Las primeras prácticas de domesticación de plantas comestibles se hicieron en la zona mexicana, hacia el 7000 a. C., lográndose resultados importantes dos milenios después, cuando se pudo cultivar el maíz, la planta americana equivalente al trigo, o al arroz en el Cercano y Lejano Oriente. Otras plantas importantes fueron el frijol, o judía pinta (domesticada en el 4000 a. C.), la calabaza y el amaranto. En la región peruana, y por la misma época, se domesticaron varias especies de patata, o papa, la batata (2000 a. C.), la calabaza (hay unas especies típicamente suramericanas, distintas de las norteamericanas), el frijol y la achira (2300 a. C.). En la región caribeña se domesticó la yuca o mandioca a partir de su variedad venenosa *(Mandihot esculenta)*. Los indios aprendieron a extraer el veneno (ácido prúsico) mediante el rallado y exprimido, obteniendo una harina comestible con la que hacían una especie de pan llamado casabe.

En la región andina peruano-boliviana se logró además domesticar, hacia el 3000 a. C., un animal: la llama, que, además del curí, o rata de Indias, se utilizaban como alimento. Finalmente, en México se domesticó el guajolote, o pavo.

Agricultores y ganaderos

Semillas de aguacate, uno de los vegetales más tempranamente aprovechados por el hombre neolítico para lograr una dieta completa a medida que se iba adaptando a la agricultura.

Las primeras cerámicas

La cerámica, la vivienda y el tejido

La cerámica aparece por primera vez en América en unos concheros de recolectores de mariscos de Valdivia y Puerto Hormiga, el primero en la costa ecuatoriana y el segundo, en la costa atlántica colombiana. Valdivia es un poco más antiguo que Puerto Hormiga, pues data del 3150 a. C. Su cerámica está bien elaborada, decorada con incisiones de puntos, líneas y figuras de espigas, y tiene los bordes de las vasijas rematados en unas torrecitas, todo lo cual resulta muy extraño para una cerámica que acababa de inventarse. Según los arqueólogos que la descubrieron es semejante a un tipo de cerámica que se fabricaba por entonces en la isla japonesa de Kiushu, conocida como el Jomón, concluyendo que la trajeron desde allí unos pescadores japoneses desviados accidentalmente de su ruta a causa de la corriente del Kuro Shivo.

La cerámica de Puerto Hormiga data del 3090 a. C. y es más tosca, con las paredes muy porosas, debido a que el barro se mezcló con fibras vegetales. Los bordes no tienen torrecitas y los elementos decorativos, aunque son también incisiones de líneas y puntos, son diferentes de los de Valdivia.

Desde luego, hay que descartar la posiblidad de que la cerámica se inventase en Valdivia tan perfeccionada

En esta pieza de cerámica aparecen los que fueron los primeros frutos de la recolección de crustáceos, gracias a los cuales se llevarán a cabo asentamientos costeros permanentes que, asociados a la agricultura neolítica, dieron un carácter más sedentario a los grupos humanos de este período.

y se llevará luego, a los 50 ó 100 años, a la costa atlántica colombiana, donde se fabricaría peor. Parece así que se originó en algún lugar desconocido de la zona noroccidental suramericana, desde donde se difundió a Valdivia y Puerto Hormiga, así como a otros lugares. Luego pasó al resto de América. Con ella se fabricaron útiles (vasijas, platos, etc.), así como unas figurillas antropomorfas, comúnmente femeninas, que representaban divinidades de fertilidad relacionadas con la producción agrícola.

Las primeras viviendas

Durante el Arcaico se inventó también la vivienda. Al principio se construía con fibras vegetales, motivo por el cual no han quedado vestigios de ella, salvo en la costa peruana, una región particularmente seca. En un conchero llamado Chilca se localizaron las viviendas más antiguas de América, que se remontan al 3400 a. C. Eran unas chozas en forma de colmena, hechas con paredes de cañas amarradas con sogas de junco y enterradas entre las conchas de los desperdicios, ya que no se sostenían por sí solas.

La vivienda evolucionó mucho y, a finales del período Arcaico, tenía ya paredes de ramas entretejidas y recubiertas de barro, o de piedras y barro. En la sierra peruana se ha encontrado un templo hecho con muros de piedra y barro que data de esta época, y en lugares

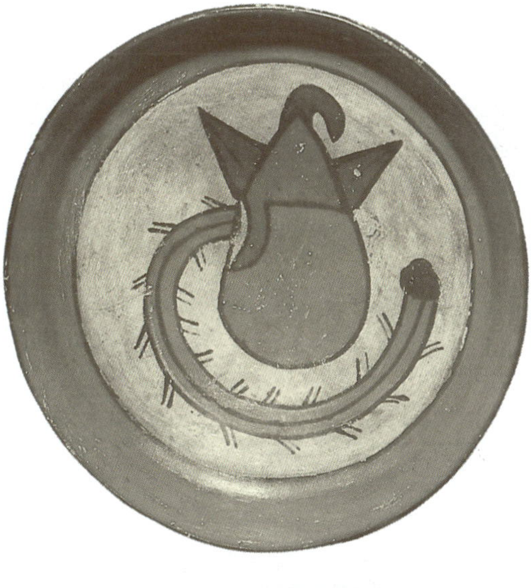

En este plato de cerámica nazca, cultura situada en la costa del Pacífico peruano, aparece un tubérculo comestible, cuyo cultivo facilitó la aparición de comunidades de agricultores y recolectores que no dependían exclusivamente de la caza para vivir.

Los tejidos de algodón

El paso de la economía depredadora a la productiva representó un salto cualitativo extraordinario en los mecanismos de organización social. La cerámica se asoció al manejo de alimentos, cuyos ciclos de cultivo, recolección y preparación iban ligados a la agricultura de semillas.

donde la agricultura prosperó mucho, como en el Valle de México, Guatemala y Perú, surgieron agrupaciones de casas donde vivían entre 100 y 250 individuos. Eran las primeras aldeas.

La invención del tejido de algodón cierra los grandes logros del período Arcaico. En América existían dos especies silvestres de algodón, diferentes de las que se utilizaban en el Viejo Mundo, y ambas fueron domesticadas por el indio americano. No sabemos en qué lugar se realizó, pues las primeras muestras de algodón se han encontrado tanto en el Norte como en Suramérica, pero la opinión científica se inclina por el último de estos hemisferios, donde aparece desde el año 3500 a. C.

El copo de algodón se convertía en hilo por medio de un huso rústico (compuesto de un vástago con un volante), y los ovillos se empleaban para las urdimbres en telares muy sencillos. La decoración de las telas se hacía por medio de hilos de diferentes colores o pintando sus superficies con instrumentos de madera (pintaderas). Los motivos más usuales eran los geométricos y los zoomorfos (serpientes, crustáceos, cóndores, papagayos, etc.), frecuentemente estilizados. Algunas telas son bellísimas, como la encontrada en Huaca Prieta, que muestra animales entrelazados.

La revolución agrícola

Hacia el año 1200 a. C. la agricultura se había extendido ya por la mayor parte del continente, originando un cambio sustancial en la vida de sus habitantes. Los indios dominaban ya la técnica de producción de sus propios alimentos. Gordon Childe calificó esto de revolución, pues ninguna otra cambió más la forma humana de vivir, ya que permitió alejar el hambre.

Con el bagaje de sus plantas y su técnica, el indio emprendió la marcha hacia el interior del continente, prácticamente deshabitado, en busca de buenas tierras cultivables. Las cuencas fluviales fueron sus grandes vías de penetración, y el maíz, su planta mágica, fácil de adaptar a todos los climas y suelos y de gran valor alimenticio.

La agricultura acabó por imponer al cabo el sedentarismo, la vivienda permanente, el mobiliario, la especialización en algunos oficios artesanales y el lujo en los adornos y utensilios. Con todo, la mayor diferencia entre el hombre de este período y el de los anteriores era su enorme religiosidad. Magos y sacerdotes se autoadjudicaron el poder de interpretar y dominar la naturaleza, diciendo a los agricultores cuándo había que sembrar, cuándo llovería y cuándo habría buenas o malas cosechas. Los dos grandes focos de esta religiosidad fueron el Olmeca y el Chavín de Huántar, que influyeron, respectivamente, en Mesoamérica (lo que hoy es la mitad meridional de México y Centroamérica) y en la región Centroandina. Entre ellos surgieron zonas de influencia intermedia.

Una agricultura eficaz

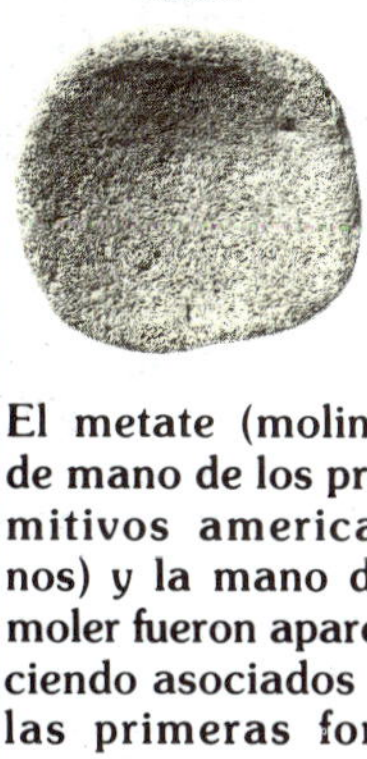

El metate (molino de mano de los primitivos americanos) y la mano de moler fueron apareciendo asociados a las primeras formas de agricultura americana.

Los olmecas

La civilización olmeca

El país de «Olmán» o «del hule» (esto significaba en lengua de los aztecas) se extendió por la costa atlántica mexicana entre los actuales Estados de Veracruz y Campeche. Aquí se desarrolló la mayor civilización formativa de América entre los años 1200 y 400 a. C. Los olmecas inventaron el calendario, el sistema de contabilidad con barras y puntos, el bajorrelieve en piedra, los juegos de pelota, los grandes templos-pirámides, la planificación urbana y la sociedad teocrática (sociedad cuya autoridad deriva de un dios o de varios). Todo un aluvión de elementos.

La civilización olmeca surgió en unas tierras bajas (salvo el macizo de Tuxtla), ricas en limo arrastrado por los ríos de la zona, que inundan la franja litoral en épocas lluviosas (más de 3.000 mm anuales). En esta especie de Nilo mexicano se cultivó admirablemente el maíz y otras plantas alimenticias. Se daban hasta dos cosechas anuales en las proximidades de los ríos. El excedente alimenticio permitió la formación de una clase ociosa en

La cabeza de Veracruz (arriba) fue encontrada en el estado mexicano del mismo nombre, lugar donde nacería unas de las más extraordinarias civilizaciones mesoamericanas, la olmeca, que ha sido considerada una de las grandes culturas del área. A la derecha, acróbata de influencia olmeca.

la producción de alimentos, que pudo ocupar su tiempo en otro tipo de actividades especializadas como el culto, la administración, la construcción, la cerámica, etcétera.

Los centros ceremoniales fueron numerosos, y todavía quedan muchos por descubrir. Entre los más importantes han de citarse La Venta (con todas las construcciones alineadas sobre un eje norte-sur), San Lorenzo, Tres Zapotes y Laguna de los Cerros. Tienen templos, grandes esculturas de piedra, aras (altares), estelas, vasijas, trípodes de cerámica, adornos de piedra, pintaderas, etc. Muy características son las cabezas colosales, esculpidas en piedras de hasta 65 toneladas de peso. Representan unos hombres cubiertos con un casco hasta las orejas, de narices anchas y aplanadas y la-

Gran cabeza olmeca encontrada en el yacimiento de La Venta (valle de México) en los comienzos de este siglo. La aparición de estas colosales cabezas y su asociación con los respectivos yacimientos representó una aportación extraordinaria para el conocimiento de las culturas civilizadoras de Mesoamérica.

Los olmecas

bios gruesos. La típica boca olmeca no es ésta, sin embargo, sino la que tiene el labio superior carnoso y las comisuras hacia abajo, recordando la del jaguar. La encontramos en las *baby face*, o «cara de bebé», y en los dioses gordos. Las *baby face* presentan además una cabeza deformada y rapada, unos ojos oblicuos y unas cejas hirsutas, semejando llamas. Los dioses gordos son estatuas sedentes —sentadas— de grandes abdómenes y piernas cortas, por lo regular cruzadas, que recuerdan budas.

Aunque la religión olmeca tenía muchos dioses, destacó en ella el dios jaguar, posible antepasado remoto de este pueblo, que le creía descendiente de la unión de dicho animal con una mujer.

La moda olmeca llegó hasta el Valle de México, donde se construyeron las primeras pirámides conocidas (Tepalcate y Cuiculco), y siguió luego hacia el istmo de Tehuantepec, de donde pasó a Chiapas y a la costa pacífica de Guatemala.

Figurilla olmeca de jade (arriba) y escultura de un luchador olmeca. Ambas muestran el grado de refinamiento cultural que alcanzó esta civilización, antecedente inmediato del esplendoroso mosaico de pueblos que habitaron en el valle de México.

Chavín de Huántar

Chavín de Huántar, el mayor santuario de Suramérica

Chavín de Huántar es un conjunto de ruinas monumentales localizadas junto al pueblo peruano del mismo nombre, a 3.135 metros sobre el nivel del mar, en la Cordillera Blanca.

Hasta hace pocos años se consideraba que el Chavín de Huántar representaba en la zona Centroandina algo similar a la cultura olmeca en Mesoamérica. El carbono 14 demostró, sin embargo, que databa del 850 al 200 a. C. Alcanzó su apogeo entre el 400 y el 200 a. C. Es, por tanto, muy posterior a lo olmeca. Pero antes del Chavín existió en la región un estilo unificador en toda la zona peruana, que se ha dado en llamar prechavinoide. El Chavín de Huántar sería así su epílogo. El Prechavinoide, cuyo lugar de origen se desconoce, se ha encontrado en la cuenca del río Huallanga, vertientes orientales de las tierras altas peruanas, lo que ha inducido a pensar que pudo proceder de la zona selvática de la gran cuenca amazónica, cuya prehistoria es desconocida aún. También se ha hallado en Cajamarca y en el valle de Chicama, al norte.

Ruinas del recinto ceremonial de Chavín de Huántar, cuyo hallazgo puede ser comparado en importancia con el de La Venta olmeca, ya que posibilitó el desarrollo de los estudios arqueológicos y culturales sobre las civilizaciones del área andina.

Culto Prechavinoide

En la sierra peruana aparece el culto en el período arcaico, como vemos en el Templo de las Manos Cruzadas, en Kotosh (2.500 a. C.), una habitación hecha con piedras de unos 9 metros de lado.

En cuanto al Chavín de Huántar, fue un centro ceremonial, donde acudían peregrinos de las aldeas interandinas y costeras para hacer sus ofrendas. Luego regresaban a sus poblaciones llevando la moda o estilo imperante en el lugar religioso, que se difundió así extraordinariamente. Los templos del Chavín rodean una plazoleta rectangular y hundida, a la que se accede por medio de escaleras de piedra practicadas en el centro de cada lado. Hay dos templos principales, el viejo y el nuevo. En realidad, son pirámides de una o dos plataformas, con muros en talud, recubiertos de piedras. Las paredes del templo nuevo estaban decoradas con unas cabezas de piedra representando animales. En su interior está el famoso Lanzón, escultura de granito blan-

co que representa una figura humana con cabello y cejas en forma de serpientes y boca con colmillos de jaguar. Es el dios *sonriente*, que se reverenció en la primera época y que fue sustituido luego por el dios de *las varas*. Este último es otra figura humana, de frente, con los brazos abiertos y sosteniendo una vara en cada mano. Tiene colmillos de jaguar y las comisuras de la boca hacia abajo, como en las figuras olmecas.

Las tres divinidades de tierra (jaguar), aire (ave rapaz) y agua (serpiente) aparecen en Chavín de Huántar. La presencia de otros elementos olmecoides, como los colgantes de piedra dura y las pintaderas planas y cilíndricas, hacen pensar en una migración mesoamericana que acompañó quizá a la expansión del maíz. La influencia del Chavín de Huántar fue enorme, tanto en la sierra como en la costa peruana.

Entre Mesoamérica y la zona Centroandina quedó una zona intermedia, que ocupan actualmente las repúblicas de Panamá, Colombia, Ecuador y Venezuela, donde hubo una influencia tardía de lo olmecoide y chavinoide. La zona sobresalió principalmente por la orfebrería realizada con oro y cobre, aleación llamada tumbaga.

Chavín de Huántar

El Castillo, eje central del conjunto monumental de Chavín; desde este Santuario se ejerció una extraordinaria influencia sobre la sierra y la costa peruanas en el proceso de asimilación cultural a los mitos y tradiciones de rasgos mesoamericanos.

3

El período Clásico mesoamericano y peruano

Desde los comienzos de nuestra era y hasta aproximadamente el año 1000 se desarrolló el período Clásico en Mesoamérica y en la zona Centroandina. Entre sus muchos elementos destacan el urbanismo, la creación de unidades políticas en ciudades-estado, el robustecimiento de la teocracia y el gran arte religioso.

Las grandes ciudades-Estado mesoamericanas

La más majestuosa de todas fue Teotihuacán, que en lengua de los aztecas quiere decir «lugar donde uno se convierte en dios»: llegó a tener unos 125.000 habitantes, estuvo emplazada en el valle del mismo nombre, a 50 kilómetros al noroeste de la actual capital de México y su extensión era de 20 kilómetros. Duró los primeros diez siglos de nuestra era.

La ciudad estaba planificada sobre un gran eje formado por dos avenidas, de seis y ocho kilómetros, que se cruzaban. La última tenía 40 metros de ancho; los aztecas la llamaban el camino de los muertos. En ella se levantaban las dos grandes pirámides del sol (cuatro cuerpos superpuestos que alcanzaban 60 metros de altura) y de la luna (cinco cuerpos en talud, 42 metros

Teotihuacán, ciudad sagrada del valle de México, nacida en los inicios del período Clásico mexicano es, por la disposición urbana y las magníficas muestras arquitectónicas, el centro ceremonial más importante de Mesoamérica.

de altura). Otros centros religiosos eran la Ciudadela, con 15 templos, entre ellos, uno piramidal, con 365 cabezas esculpidas de piedra de los dioses Quetzalcóatl (la serpiente emplumada) y Tlaloc (señor de la lluvia), y el famoso templo de la Agricultura, con su fresco del paraíso presidido por Tlaloc.

Teotihuacán tenía zonas residenciales, inmensos barrios de gente humilde, con casas rectangulares de adobe, mercados, edificios públicos, etc. Su parte central tenía una densidad de 8.000 habitantes por kilómetro cuadrado. En la ciudad se dieron todas las manifestaciones artesanales y artísticas: cerámica, textiles, etc.

Aunque en Teotihuacán se cultivaron intensamente, las tierras del entorno no pudieron producir suficiente alimento para una población tan elevada, que subsistía gracias a los excedentes que llegaban de toda Mesoamérica, donde se había establecido una dominación de carácter aún desconocido.

Templo de Quetzalcóatl, en Teotihuacán. Las esculturas adosadas representan a la Serpiente Emplumada, dios civilizador por excelencia del que proceden la mayoría de los mitos característicos del valle de México.

Monte Albán y Tajín

Pirámide de Tajín, conocida como Templo de los Nichos. La forma escalonada en pirámide alcanzó una expansión notable en el área geográfica del valle de México, junto con los signos culturales de una civilización teocrática y jerarquizada, que claramente simboliza la estructura piramidal.

Monte Albán y Tajín

En Mesoamérica hubo otras muchas ciudades-Estado, gran parte de ellas relacionadas con Teotihuacán, como Monte Albán. Dicha urbe fue la capital zapoteca, una zona estratégica situada entre las grandes culturas que se desarrollaron en el Valle de México, y la maya, que cubrió Chiapas y Guatemala. Posiblemente, de esta última recibió las mayores influencias hasta que logró consolidarse como pueblo importante, pero luego recibió las de Teotihuacán, con la que estuvo muy vinculada. Sus estelas muestran la llegada de embajadores de Teotihuacán, lo que hace pensar en dos notables Estados independientes que se necesitaban mutuamente. Monte Albán es el mayor centro ceremonial de piedra mesoamericana, con plazas, terrazas, un juego de pelota, plataformas de templos y una enorme pirámide. La ciudad llegó a tener unos 30.000 habitantes, de los que sólo entre el 2 y el 4 por 100 pertenecían al grupo dirigente, muy vinculado con el sacerdotal.

Otra ciudad-Estado notable fue el Tajín, donde se erigió el famoso templo de los Nichos, de 18 metros de altura, seis pisos y 365 nichos, uno por cada día del año. En esta ciudad había además 11 juegos de pelota.

El Clásico peruano

La utilización de una técnica agrícola avanzada, con canales de irrigación y abono a base de guano (muy rico en nitrógeno), permitió la acumulación de grandes excedentes alimenticios en los valles de la costa peruana, donde sobresalieron numerosas culturas de sustrato chavinoide, entre ellas la mochica y la nazca.

La cultura mochica (desde comienzos de nuestra era hasta el año 600) se desarrolló en la costa norte y tuvo su centro en los valles de Chicama y Moche, desde donde fue extendiéndose mediante conquistas militares. Era un pueblo muy jerarquizado, con un poderoso grupo religioso dirigente. En su territorio se construyeron las pirámides del sol y de la luna. La primera de ellas, con 40 metros de alto y 350 de largo, es la mayor estructura de adobe construida en la América precolombina. Los mochica destacaron por su excelente cerámica, en la que esculpieron y pintaron escenas de la vida cotidiana: dio-

La civilización mochica

La cerámica mochica o moche es el mejor testimonio del alto grado de desarrollo cultural que alcanzó este pueblo de guerreros y artesanos, cuyos vasos-retratos como los que aquí se muestran reflejan la perfección técnica alcanzada por esta cultura andina.

ses guerreros, prisioneros, sacrificios humanos, ancianos, hombres tomando coca, etc. También desarrollaron una metalurgia notable.

La cultura nazca

La cultura nazca corresponde a los valles sureños de la costa, donde existen pequeños oasis rodeados de una paisaje desértico. Pese a esto último, los nazca (100 a. C. a 450 d. C.) lograron construir grandes centros urbanos, de los que han quedado ruinas tan notables como la pirámide de Cahuachi (hecha de adobe), de 20 metros de altura. Los nazcas sobresalieron asimismo por su cerámica, decorada con maravillosas figuras geométricas y zoomorfas (animales) de múltiples colores.

En las proximidades de la moderna ciudad de Nazca existen unos 500 kilómetros cuadrados de territorio desértico, planicies sobre las cuales se han grabado grandes diseños lineales que representan motivos zoomorfos (monos, pájaros) y geométricos. Algunos de estos diseños miden varios cientos de metros y verdaderamente se ignora su función, origen de las interpretaciones más diversas. Lo más probable es que tengan relación con observaciones calendáricas y sean parte de un ritual religioso ejecutado hace unos mil años.

Cabeza cortada, elaborada en cerámica policromada por un taller nazca. Al igual que los mochicas, los nazcas llegaron a poseer una magnífica tradición ceramista, que desde la representación figurativa llegó hasta las estilizaciones geométricas cuyo significado resulta difícil de interpretar.

Tiahuanaco

En la sierra peruana el Clásico está representado por Tiahuanaco, lugar donde se inició el gran culto al Sol, que luego heredaron los incas. Tiahuanaco se halla a casi 4.000 metros sobre el nivel del mar y a sólo 20 kilómetros al sur del Titicaca, el lago navegable más alto del mundo. Como el Chavín, fue un gran centro ceremonial, pero a su vez era también cabeza de un pequeño Estado, cuyo apogeo tuvo lugar entre el 500 y el 1000 de nuestra era. Unas 20.000 personas vivían de la agricultura (muy rica en tubérculos), de la pesca, de la ganadería (rebaños de llamas) y del comercio (lana, cobre, piedras semipreciosas, cerámica y telas).

Su zona monumental está formada por seis edificios de carácter religioso construidos con grandes piedras (algunas de hasta 100 toneladas de peso) de arenisca y basalto, cortadas perfectamente para que encajen entre sí sin necesidad de argamasa, técnica que luego heredaron los incas. Entre ellos sobresalen los llamados Acapana y Calasasaya. El primero es una pirámide escalonada de base cuadrada (210 metros de lado y 15 de alto), y el segundo, un templo con un patio rehundido, cuyas paredes están ornamentadas con cabezas

Conjunto monumental de Tiahuanaco, con la denominada *Puerta del sol* presidiendo la disposición circular de los grandes vanos de piedra. La civilización tiahuanacoide es otra de las grandes culturas clásicas del antiplano andino, donde floreció a más de 4.000 metros sobre el nivel del mar.

Tiahuanaco

empotradas de tipo humano. Junto a este último se encuentra la famosa Puerta del Sol, gigantesco vano monolítico de diez toneladas de peso y 3,75 metros de alto por cuatro de ancho, en cuyo dintel se esculpió la imagen de la divinidad principal del lugar, posiblemente solar: una figura humana vista de frente, de cuya cabeza salen una especie de rayos solares terminados en cabecitas de jaguar. Ambas manos aferran lanzadardos rematados en cabezas de cóndor. A sus lados aparecen 48 personajes arrodillados.

Tiahuanaco tuvo también una buena cerámica con pintura de felinos. Su recipiente ritual característico era el quero, o vaso en forma de campana invertida, que más tarde pasó por típicamente incaico.

El epílogo del Clásico peruano fue el Imperio huari, cuya capital era la ciudad del mismo nombre, situada a 25 kilómetros de Ayacucho. Su poderío cubrió los años 700 a 1200 y es, por tanto, el antecedente de la conquista incaica.

La ciudad de Huari llegó a tener hasta 40.000 habitantes, que vivían de la explotación agrícola y ganadera de su entorno y de los tributos que lograron imponer a los pueblos vencidos de la costa y parte de la sierra peruana. Otras similitudes con los incas fueron el esta-

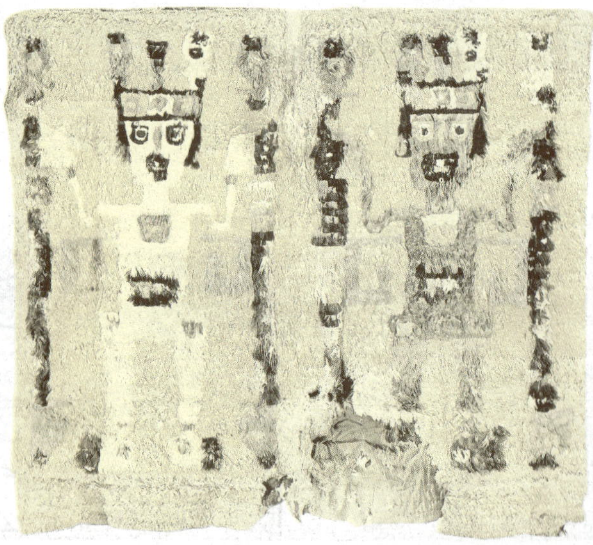

Manto de plumas de Tiahuanaco. La producción artística de este pueblo no desmereció a la de sus vecinos del área andina y llegó a un grado de refinamiento considerable, gracias al cual consolidaron un próspero comercio con otros pueblos, fascinados por la belleza y calidad de las cerámicas, tejidos y trabajos en plumería.

blecimiento de colonias en los territorios vencidos y la creación de una gran red vial de comunicaciones para tener acceso a lugares lejanos. El Imperio huari sostuvo capitales regionales, como Chanchán, Chimú, Cápac, Pachacamac, etc., donde residían los representantes del nuevo poder.

Huari tuvo también mucha relación con Tiahuanaco, cuyos dioses y motivos estéticos asimiló en la cerámica y en los textiles. Se ha formulado la hipótesis de que existió un imperio con dos capitales, Tiahuanaco para las tierras septentrionales y Huari para las meridionales, precisando incluso que la primera hacía las veces de capital intelectual y religiosa y la segunda era la capital administrativa y militar. Pese a esto, la arquitectura de Huari es más tosca que la de Tiahuanaco, y los sillares de sus edificaciones están ya unidas con argamasa. Su cerámica, aunque con formas tiahuanacas, estuvo influida por las culturas costeras nazca y chimú.

Al declinar el poderío huari, hacia el año 1200, se mantuvieron las capitales regionales como centros culturales locales, hasta que fueron absorbidas por los incas. Especial importancia tuvo Chanchán, cabecera del reino Chimú (antiguo territorio mochica), ciudad construida a lo largo de seis kilómetros, con casas y palacios de adobes, en cuyos muros se hacían relieves con barro.

Tejido nazca tardío, con un diseño de inspiración geométrica en el que las formas estilizadas denotan una maestría plenamente consolidada en el artesano que lo confeccionó; no es de extrañar, por tanto, que los incas aceptaran como suyas estas técnicas tan logradas.

4

Los misteriosos mayas del período Clásico

Fueron únicos. Inventaron una escritura a base de ideogramas y signos fonéticos que aún no ha podido descifrarse totalmente. También idearon un calendario de 365 días, un sistema de cómputo del tiempo y desarrollaron una brillante civilización en las selvas del Petén, demostrándonos lo que el hombre puede hacer, lo que fue capaz de hacer.

Sobre unas bases de culturas formativas de la zona de Chiapas y Guatemala, que tuvieron, primero, influencias olmecoides y, luego, teotihuacanas, surgió la cultura maya del período Clásico, hacia el 250 de nuestra Era; se mantuvo durante 750 años, o más, si bien sus últimos tres siglos fueron de decadencia. Se extendió principalmente por las tierras bajas guatemaltecas (por debajo de los 300 metros sobre el nivel del mar), donde abundan la lluvia y la vegetación tropicales, pero también por lo que hoy son Honduras y Belice y hasta, posteriormente, por la península mexicana de Yucatán.

El medio geográfico donde se asentaron los mayas no era apropiado para una explotación agrícola óptima (selva en las tierras bajas y desierto en Yucatán), pero los mayas lograron sacarle el máximo partido, combinando la agricultura extensiva (tala de monte y quema) e intensiva (irrigación por medio de canales, extracción de aguas subterráneas y cultivo de las riberas de los ríos y zonas pantanosas) para construir sus ciudades, que fueron como calveros en la selva y como oasis en el desierto.

Mucho se ha especulado con el cambio de clima en esta región del planeta durante los últimos dos mil años, pero los estudios más recientes demuestran que no hubo mutaciones sustanciales. La selva y el desierto eran más o menos iguales a los de hoy cuando en ellos vivían los mayas. Cuesta trabajo pensar que allí hubiera urbes de hasta 50.000 habitantes, como Tikal.

El misterio del desarrollo de la cultura maya en esta zona tan poco propicia tiene una clave y es que, además de la explotación del entorno, los mayas crearon una inmensa red comercial, una de cuyas funciones era importar excedentes de otras zonas.

Ofrenda maya, según un grabado del siglo XIX. Los enigmas de este pueblo de sabios y sacerdotes aún persisten, pese a los avances realizados en el estudio de esta compleja civilización a lo largo de estos dos últimos siglos.

La sociedad maya

La jerarquización social

Los mayas construyeron numerosas ciudades-Estado, entre las que sobresalieron Tikal, Palenque, Calakmul y Copán, que hacia el año 731 controlaban las tierras bajas. Cada una de ellas tenía un glifo emblema como símbolo nacional, que se colocaba en las ciudades dependientes. Estaban gobernadas por el «Halach Uinic», una especie de rey con antepasados divinos. Esta dignidad se transmitía hereditariamente a los hijos varones, aunque hubo usurpaciones. Las coronaciones, matrimonios reales (utilizados como instrumento político) y los triunfos de estos «monarcas» fueron grabados en las estelas como grandes acontecimientos. Por debajo de la estirpe real había una nobleza de sangre (emparentada con el monarca), ocupada en la administración o el sacerdocio; una nobleza de mérito, con cierto carácter feudal; los profesionales de la religión, el comercio, la construcción y la escritura, encargados de sostener el orden social y la vitalidad del Estado y, finalmente, los trabajadores urbanos y rurales. Era, en definitiva, una sociedad muy jerarquizada y en la que era difícil salir del lugar asignado al nacer. Mientras los campesinos vivían en pequeñas casas de forma rectangular, paredes de piedra y techos de palma, los nobles y señores se alojaban en suntuosas mansiones urbanas, donde también se erigían templos, juegos de pelota, fortificaciones, depósitos de agua, estelas, altares, etc.

Templo del Sol en Palenque, situado en Chiapas, al sur de México. Los mayas dieron origen a una civilización jerarquizada cuya base social de campesinos sustentaba a una clase dirigente todopoderosa compuesta por nobles y sacerdotes, que ocupaban estos fastuosos recintos.

Arquitectura y escultura

Arquitectura, escultura y escritura

Los mayas lograron imprimir un estilo artístico a sus objetos funcionales, que resultaron así particularmente bellos. En arquitectura utilizaron el adobe y la piedra para hacer grandes templos con escalinatas y cresterías y llegaron a inventar la falsa bóveda, que formaban sacando cada vez más las piedras del dintel hasta la clave central. Los palacios eran rectangulares y constaban de numerosas habitaciones. Hacían juegos de pelota, por lo común próximos a baños de vapor, en los que los jugadores efectuaban sus ceremonias de purificación. Asimismo, construían observatorios astronómicos, calzadas para las comunicaciones, *cenotes*, o grandes pozos para extraer aguas subterráneas (sobre todo, en la zona de Yucatán), etc.

La escultura fue aislada (estelas, altares, grandes cabezas) o como complemento de la arquitectura (dinteles, tableros, columnas, etc.). Las estelas se colocaban en los templos y tenían relieves de grandes personajes asociados con figuras animales. Sobresalieron también en la pintura, el arte plumario, los textiles (elaboraban camisas, faldas, túnicas, cinturones, fajas, etc., para sus vestidos), la música (tambores, cascabeles y objetos sonoros de concha) y la danza.

Estela maya representando una divinidad. El sistema religioso de este pueblo determinó una producción artística eminentemente ceremonial, que lentamente derivó hacia el consumo de los señores y sacerdotes.

La invención de la escritura

Una de sus grandes aportaciones fue la invención de la escritura, lo que le permitió expresar por escrito concepciones ideológicas. Estaba formada por una combinación de signos que tenían a la vez valor ideográfico y fonético, sistema parecido al de los sumerios o los egipcios. Escribían en doble columna, de izquierda a derecha y de arriba abajo. Sus textos datan del siglo III d. C. y se encuentran en estelas, paredes y toda clase de monumentos, pero principalmente en códices, hechos con cortezas de árbol machacada, sobre la cual se daba una pátina de resinas y cal para poder escribir. Cada hoja se pegaba a la siguiente formando una enorme tira de unos diez metros, que se plegaba luego en forma de biombo. Aunque se han encontrado restos de tales códices en muchos lugares, los que han llegado hasta nosotros con posibilidad de ser leídos son los del período Posclásico, cuatro, exactamente, conocidos por el lugar donde se conservan: Dresde, París, Madrid y de Nueva York o Grolier. Los códices de Dresde y Madrid son tratados de astronomía y adivinación. El códice de París es de predicciones y profecías y el de Nueva York calendárico.

La escritura reflejada en los escasos códices que se han encontrado completos fue una de las grandes invenciones de los mayas: el complejo ideograma reproducido en esta página era descifrado por los sacerdotes, quienes interpretaban las predicciones.

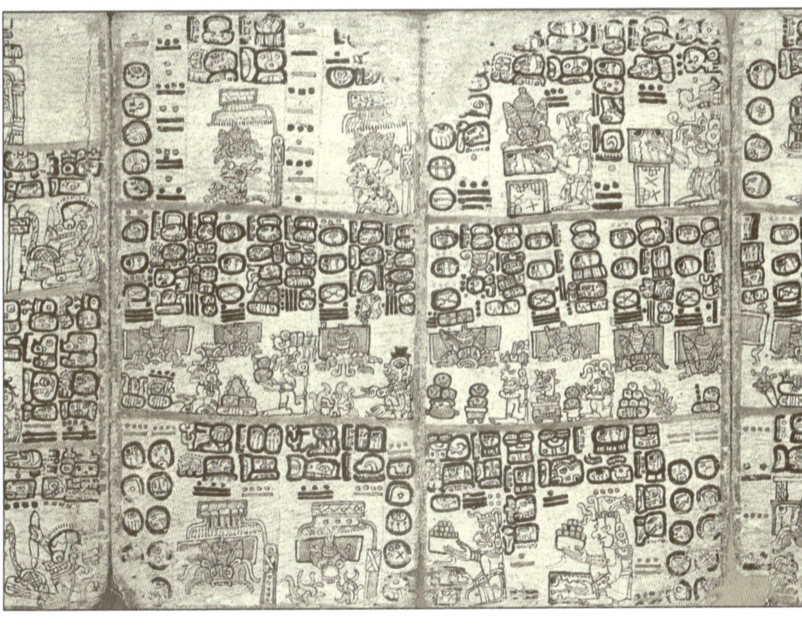

El calendario maya

La medida del tiempo

Los mayas tuvieron una concepción clara del fluir del tiempo y de su estar o vivir en él. La medición del tiempo la lograron gracias a su gran desarrollo matemático. Descubrieron el concepto de cero, que representaban mediante una concha invertida, y un sistema de contabilidad vigesimal. Las unidades se escribían con un punto, y los lustros, con una barra. Así, por ejemplo, el número 18 era tres barras verticales con tres puntos encima. Para anotaciones mayores de 20 se tenían en cuenta las posiciones verticales (igual que nosotros hacemos con las horizontales), multiplicando por 20 cada nivel. Incluso existía un tercer nivel para anotaciones mayores. En Quiriguá se registró la fecha de 90.000.000 años, y aún hay otra de 400.000.000.

Su dominio de la astronomía les permitió elaborar un calendario. En realidad, tenían dos: uno, religioso, y otro, solar. El primero constaba de 13 meses de 20 días (260 en total). Los días tenían nombres compuestos, formados mediante combinaciones de 1 a 13, con los símbolos protectores de cada uno de los 20 días. El solar era perfecto: 18 meses de 20 días cada uno, más un mes adicional de sólo cinco días: 365 en total. Al multiplicarse los 260 días del calendario religioso por los 365 del solar se obtenía un período de 18.980 días o 52 años solares. Cada ciclo de 52 años era considerado algo así como nuestros siglos, y la transición de uno a otro era motivo de expectación y temor, pues creían probables acontecimientos especiales. Los mayas utilizaron un año solar de 365,2420 días, más exacto (tiene en realidad 365,2422 días) que el gregoriano, adoptado por el mundo occidental en 1582. Para hacer sus bisiestos empleaban meses lunares de 29 ó 30 días. Incluso se hicieron correcciones en la cronología, constando dos de ellas, realizadas en los años 687 y 756.

En cuanto a la cronología, que les permitía tener noción de su estar en el tiempo, se anotaba a partir de una fecha mítica de 1.872.000 días (5.128 años solares), que coincide con nuestro 13 de agosto del año 3114 a. C. Este gran espacio de tiempo se dividía en baktunes, katunes, tunes, uninales y kines. El kin era un día, y 20 formaban un uninal; 360, un tun; 7.200, un katun, y 144.000, un baktun. La fecha mítica co-

Los sacerdotes ocupaban una posición privilegiada en la organización social del pueblo maya. Su función de líderes espirituales y políticos hizo necesario la construcción de magníficos escenarios ceremoniales donde el culto solar iba asociado a su papel hegemónico.

rrespondía por tanto a 13 baktunes, y su uso en Mesoamérica es conocido como la Cuenta Larga. Las fechas importantes y los hitos históricos aparecen en estelas, altares y esculturas. Al terminar el Clásico se perdió el uso de la Cuenta Larga, sustituido por la Corta, con ciclos máximos de 260 tunes.

El calendario maya

Pirámide I de Tikal. Las ciudades mayas contrastaban en su esplendor con las precarias condiciones de vida del pueblo llano, sometido a un régimen de explotación económica necesario para lograr la magnificencia de los recintos sagrados.

La religión maya

El fatalismo religioso

La religión maya surgió para dar respuesta a los grandes enigmas de la vida y la muerte, pero se fue volviendo extremadamente compleja y pasó a ser patrimonio de una élite que la utilizó para dominar al pueblo y defender una desigualdad social que la favorecía. Los reyes fueron divinizados y considerados parte del sostenimiento de ese orden cósmico, que, por otra parte, imprimió unidad a la zona mesoamericana.

La religión gobernaba el tiempo y el espacio. El tiempo era un fluido continuo, en el que periódicamente se habían producido creaciones y destrucciones del mundo y de sus habitantes, y cabía esperar otra destrucción similar en el futuro. Para evitarla, o quizá mejor, para aplazarla, había que obedecer en todo a los sacerdotes.

En cuanto al espacio, era concebido como una serie de cielos por encima de la tierra y unos inframundos por debajo, en cada uno de los cuales moraba un señor o dios. Los puntos cardinales estaban bajo la protección

Relieves adosados a un templo en la ciudad yucatana de Kabah. La teocratización de la sociedad y la abusiva carga que soportaba el pueblo para costear estos palacios y ciudades santuarios causaron importantes luchas sociales.

de una divinidad. Los dioses más importantes eran Irzamná, o el señor del cielo; Chac, o el dios de la lluvia, y Ah Puch, o dios de la muerte. La existencia de una vida sobrenatural dio lugar a un culto mortuorio que alcanzó expresiones monumentales en los enterramientos de los grandes personajes.

El culto implicaba sacrificios a los dioses para obtener sus favores, sacrificios que realizaban sacerdotes. Lo sacrificado eran elementos valiosos, como comida u objetos de valor; raramente seres humanos. Los sacerdotes se comunican con los dioses realizando grandes ayunos, automutilándose, tomando alucinógenos, etc.

A finales del siglo VIII se inició la decadencia de los mayas de las tierras bajas, que se consumó en el siglo X. El último monumento se levantó en el año 909. No se saben las causas de su hundimiento, aunque se han apuntado numerosas hipótesis: agotamiento del suelo, cambio de clima, revoluciones campesinas, erupciones volcánicas, epidemias, psicosis depresiva por la angustia temporal, guerra civil, etc.

La religión maya

Ruinas mayas según un grabado del siglo XIX. El hundimiento de esta espléndida civilización surgida en la selva aconteció seis siglos antes de llegar los españoles.

5

El período Posclásico

A partir del siglo IX, en las zonas mesoamericanas y centroandina se desarrollaron gran número de civilizaciones, como consecuencia del régimen urbano imperante. En ellas se advierte un progresivo aumento del poderío militar, paralelo al decaimiento de los centros ceremoniales. Las sociedades se volvieron menos teocráticas, más seculares, aunque sin perder la religiosidad que servía a los dirigentes para sostener el orden social. Si durante el período Clásico el Estado fue dominado por la religión, ahora, en cambio, se invirtieron los términos, y la religión se transformó en un instrumento del Estado. Otras características son una jerarquización social más marcada, con mayores privilegios para la clase dirigente, la elevación de la categoría social de comerciantes y guerreros y la generalización de la técnica metalúrgica, que se extendió ya a Norteamérica.

En la región centroandina hemos visto doblar el primer milenio con el imperio Huari, al que siguieron algunas altas culturas locales que se prolongaron hasta el advenimiento del Imperio incaico. En Mesoamérica, la fragmentación cultural posterior a Teotihuacán fue mayor, debido en gran parte a una serie de oleadas sucesivas de pueblos bárbaros de lengua nahua, que procedían del norte y llegaron a México. Ello exige que nos ocupemos de dicha región en este capítulo.

Palacio de Mitlá en el actual estado mexicano de Oaxaca. Cuna de la civilización zapoteca y de la mixteca, exponentes de una evolución cultural de pueblos cuyo origen bárbaro evolucionó hasta adquirir una espléndida realidad cultural y artística, continuadora del espíritu civilizador del período Clásico.

Tula, la ciudad de las mazorcas gigantes, capital de los toltecas

Cuando los españoles llegaron a México escucharon unos relatos aztecas sobre Tollán, un lugar maravilloso donde vivieron al parecer unos hombres altos y veloces, grandes guerreros y mejores artistas. En sus tierras, decía la leyenda, crecían unas mazorcas gigantes, que había que llevar rodando por el suelo. Las hortalizas tenían allí el tamaño de palmeras y el algodón crecía ya coloreado.

Tollán, o Tula, fue considerado durante siglos un lugar mítico, hasta que unas excavaciones realizadas en el valle de México permitieron descubrir una cerámica desconocida de color plomizo (parecía vidriada), que los arqueólogos llamaron plumbate, en unos niveles situados entre los restos de las civilizaciones teotihuacana y azteca. Se sospechó entonces que este tipo de cerámica podía corresponder a los míticos toltecas o habitantes de Tula y se buscó su ciudad, que apareció en 1940, precisamente junto a una población de aspecto colonial llamada Tula, en el estado de Hidalgo (unos 100 kilómetros al norte de la capital mexicana) al norte del valle de México. Allí fue donde se encontró la cerámica plomiza, o plumbate.

La mítica Tula

Templo de Tula, lugar de origen de la civilización tolteca, que a partir del siglo X de nuestra era asumió el papel expansivo en el valle de México, llegando a Yucatán, donde se asimiló a la cultura maya, momento en que alcanzó su máximo esplendor.

La mítica Tula

Arriba, guerrero de Tula. Los atlantes simbolizan la posterior anexión de esta cultura al poderío militar azteca, cuya nobleza se emparentó con los dignatarios toltecas, asumiendo el legado civilizador de la cultura tolteca. Tula fue fundada hacia el 960 y violentamente destruida al final del siglo XII. Aunque queda casi todo por excavar, los edificios sacados ya a la luz, alrededor de la plaza central (ver plano en la página opuesta), permiten conocer las principales características del arte y la arquitectura toltecas.

Tula fue en realidad la capital de un Estado posclásico, que dominó el norte de Mesoamérica desde la caída de Teotihuacán hasta el siglo XII. Alcanzó su momento de apogeo en el siglo X, cuando llegó a tener unos 60.000 habitantes, y otros tantos en su entorno rural próximo. El pueblo que la fundó era de lengua nahua: los toltecas.

En realidad, los toltecas constituían la vanguardia de los invasores que penetraron desde el norte en oleadas sucesivas. Los bárbaros toltecas empezaron a civilizarse al entrar en contacto con las culturas del valle de México, y principalmente cuando dominaron a los zapotecas, muy influidos por los mayas. Con todos estos elementos y algunos otros propios fundaron su extraordinaria cultura.

La ciudad de Tula fue la más hermosa de su tiempo y tuvo un gran desarrollo urbanístico. Su centro ceremonial contaba con dos grandes templos, el del Sol (dedicado al dios Tezcatlipoca) y el de Quetzalcóatl (la serpiente emplumada).

El templo de Quetzalcóatl era el más importante. De forma piramidal, tenía cinco cuerpos superpuestos y muros de tablero y talud, una constante en la zona. En los tableros se representan jaguares y águilas devorando corazones. Era una reminiscencia del pasado bárbaro. En su vestíbulo aparecen unos atlantes de piedra de 4,60 metros, y en los lados de la puerta había dos grandes serpientes con las bocas en el suelo y las colas con los cascabeles en el dintel. En su atrio se encontraba un impresionante Chac Mool, una característica estatua tolteca, semirreclinada y con la cabeza vuelta, cuyo vientre albergaba un recipiente para recibir los sacrificios.

Las colinas aún sin excavar, que ocupan una amplia zona, indican que Tula era una ciudad extensa, cuyo estudio nos proporcionará nuevos datos sobre esta cultura fascinante.

Los toltecas absorbieron otras gentes que emigraron desde el norte y desde la costa, pero no fueron capaces de contener a los nuevos invasores nahuas del norte, como los alcohuas, los tepanecas y los chichimecas. Posiblemente estos últimos tomaron la ciudad y la destruyeron el año 1178 de nuestra era. Así acabó el poderío tolteca.

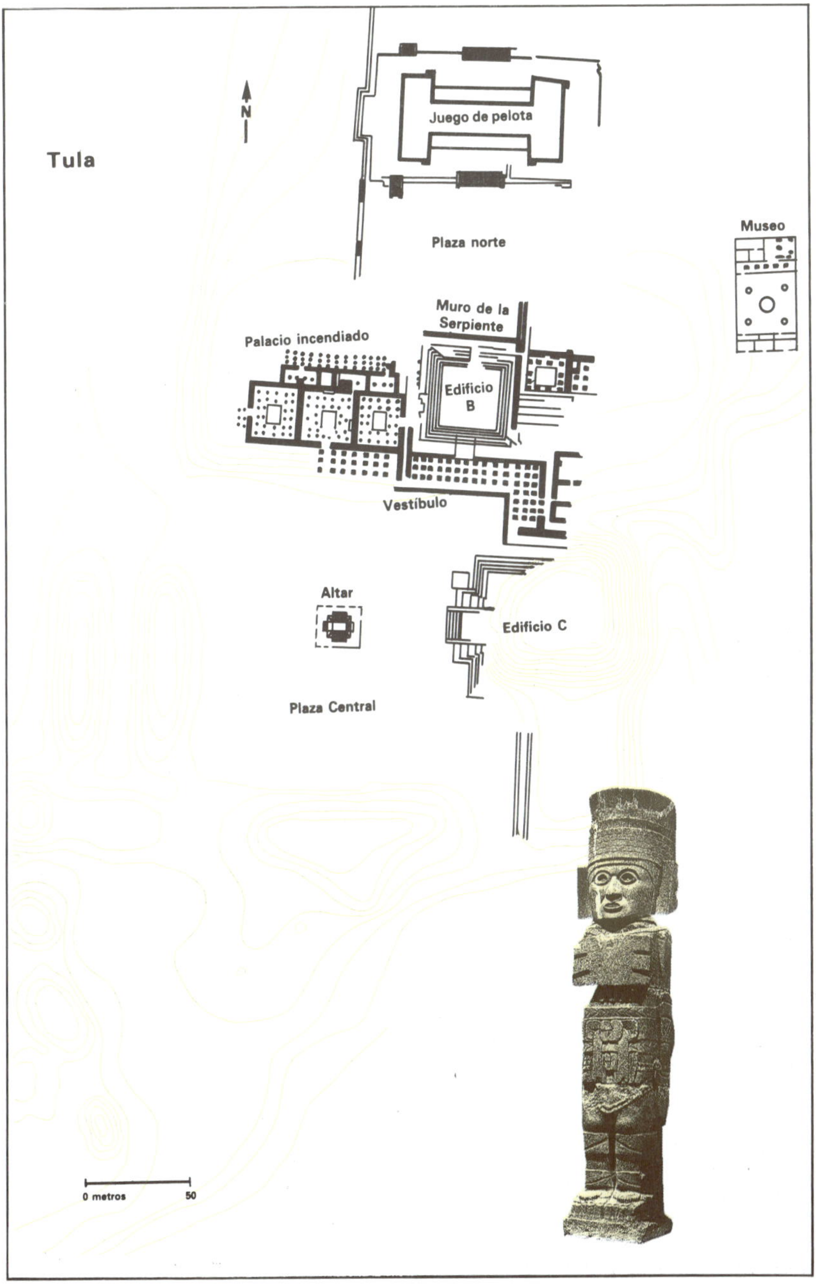
Tula
N
Juego de pelota
Plaza norte
Museo
Muro de la Serpiente
Palacio incendiado
Edificio B
Vestíbulo
Altar
Edificio C
Plaza Central
0 metros
50

Los mixtecas

Mixtecas, zapotecas y huastecas

En la zona de Oaxaca, la ciudad de Monte Albán mantuvo su hegemonía como capital zapoteca hasta la caída de Teotihuacán, pero luego perdió toda su importancia y quedó eclipsada. Las distintas ciudades del área lucharon entre sí por conseguir la supremacía, sin que ninguna de ellas lograra verdaderamente aglutinar la región. Esta situación permitió la invasión de los mixtecas, un pueblo próximo, procedente del norte del Valle de México, que llegó a hacer de Monte Albán su capital religiosa, donde enterraba a sus grandes dignatarios.

Los mixtecas, procedentes del tronco común del pueblo chichimeca, se asentaron en diferentes lugares del Valle de México, asimilando la cultura de los pobladores anteriores. Los que se asentaron en la zona de Monte Albán, donde habitaban los zapotecas, asumieron el legado cultural de éstos. Fueron finalmente conquistados por los aztecas.

La región vivió así una decadencia esplendorosa, como ponen de manifiesto los restos arqueológicos encontrados hasta ahora. Por ejemplo, la ciudad de Mitla,

Ruinas de la ciudad zapoteca de Monte Albán, en Oaxaca (México).

capital mixteca, tenía cuatro grandes palacios y una fortaleza. Entre ellos destaca el denominado de las columnas (cuatro metros de altura), con paredes decoradas por finísimos mosaicos geométricos realizados en piedra. En Monte Albán se halló una gran tumba con un rico ajuar funerario compuesto por objetos de oro, cobre, jadeíta, turquesa, perlas y coral. Muchas de estas piezas procedían de Perú, principalmente las de oro, lo que demuestra la importancia que habían adquirido ya las redes comerciales prehispánicas.

En la costa al norte de Veracruz, conocida como la huasteca mexicana, se registró asimismo un gran florecimiento cultural, con influencias de Teotihuacán, del Tajín, de los toltecas y de los mayas. Allí habitaban los huastecas, pueblo perteneciente al grupo maya-quiché. Típicos de esta región fueron unos templos redondos, donde se reverenciaba al dios del viento (Ehécatl), emparentado con Quetzalcóatl. Se construían de esta forma por considerar que el viento no debía encontrar aristas a su paso. El dios y el tipo de templo fueron luego asimilados por los aztecas.

Tumba de Monte Albán, dotada de un rico ajuar funerario, expresivo de la suntuosidad que alcanzaron los primitivos guerreros, que llegaron a superar en lujo ceremonial los fastos funerarios y rituales de los pueblos del período Clásico.

Los últimos mayas

Estatua de Quetzalcóatl, dios civilizador de numerosas culturas mesoamericanas y que también formó parte del panteón de divinidades mayas.

Los últimos mayas

Tras el hundimiento de los mayas clásicos en las tierras bajas de Guatemala y Honduras, vino el resurgir de los mayas posclásicos de Yucatán. Son unos mayas muy diferentes, pues predominaban en ellos el militarismo y una serie de tradiciones típicas del centro y norte de Mesoamérica. Su auge y poderío se desarrollaron además cuando las antiguas ciudades mayas de la selva agonizaban o estaban ya deshabitadas.

La mayor parte de las crónicas mayas fueron quemadas en auto de fe por fray Diego de Landa, primer obispo de Yucatán. Se nos ha privado así de conocer su historia; el por qué resurgió el poderío maya en Yucatán. Gracias a las pocas crónicas salvadas se ha podido saber que, tras el hundimiento del Viejo Imperio de las tierras bajas, los mayas fueron emigrando hacia las tierras altas de Guatemala y a Yucatán, donde fundaron numerosos poblados. Serían el origen de las futuras ciudades de Chichén Itzá, Uxmal, Kabah, Labná, etc. A comienzos del siglo X, esta región yucateca fue invadida por gentes procedentes del norte, que se integraron con los habitantes primitivos. En el año 987 arribaron gentes de Tula, mandadas por un jefe llamado Quetzalcóatl-Kukulcán (Serpiente Emplumada) y se instalaron en la población de Chichén Itzá, convirtiéndola en su capital y en la cabecera de un poderoso Estado.

La arqueología ha demostrado la decadencia de los enclaves mayas situados en las tierras bajas de Guatemala y Honduras, el auge de los yucatecos y la caída de Tula, así como la llegada masiva de elementos toltecas a la península de Yucatán. La ciencia ha corroborado, pues, lo que afirmaba la tradición.

Los toltecas transformaron totalmente Chichén Itzá para hacer de ella una ciudad tan hermosa o más que la antigua Tula. Su templo de los guerreros, por ejemplo, es mayor y mucho más bello que el de la ciudad originaria, aunque lo recuerda en el trazado. Lo mismo ocurre con el juego de pelota, de dimensiones impresionantes y decorado con unos bajorrelieves donde se recogen escenas relacionadas con el ritual del juego. Otras construcciones notables fueron el templo de Kukulcán, las plataformas de jaguares y águilas, el patio de las 100 columnas, el baño de vapor, el mercado, un observatorio astronómico circular llamado El Caracol y otros dos juegos de pelota más pequeños. En Chichén quedan infinidad de manifestaciones toltecas, como columnas en forma de serpiente emplumada con las cabezas abajo, atlantes, figuras del Chac Mool, jaguares y águilas comiendo corazones, cerámica plomiza, etc. También abundan elementos de la cultura maya clásica, como el uso de veneras —conchas—, el empleo de mosaicos para decorar las fachadas o las representaciones del dios Chac. Los mayas nuevos integraron dentro de su civilización todas las conquistas culturales de los pueblos meridionales mesoamericanos, las de sus precedesores, los mayas clásicos, y las del mundo septentrional mesoamericano. Por eso dijimos al principio que los mayas no eran un fenómeno surgido de la nada, sino la síntesis de un largo proceso de conquistas culturales y sociales.

Representación de un relieve maya donde un sacerdote oficia una ceremonia ritual. El perfeccionamiento artístico de los mayas fue paralelo a su decadencia política, hasta caer en una existencia monótona y sin posibilidades de renovación.

Los últimos mayas

La breve historia de los mayas nuevos

Chichén Itzá dominó todo el Yucatán gracias a su poderoso ejército. Impuso tributos a otras ciudades y terminó por ejercer una tiranía sobre ellas que concluyó en el siglo XII, cuando una alianza entre los jefes de Izamal (población cercana) y de Mayapán lanzó sobre ella a los guerreros de las ciudades sometidas, que la destruyeron. La arqueología ha demostrado tal destrucción. Sus dioses del templo de los guerreros fueron derribados y destrozados. Los itzás sobrevivientes emigraron hacia el Petén, su posible zona de origen, donde llevaron una existencia opaca hasta comienzos del siglo XVIII.

Como tantas veces ha ocurrido en la Historia, los destructores de la tiranía se convirtieron en los nuevos tiranos. Ahora fue la ciudad de Mayapán la que trató de establecer su hegemonía sobre la zona, pero con menos éxito, ya que muchas ciudades-Estado lograron zafarse de la dominación y desarrollar una vida independiente. Esta ciudad se había fundado el año 1100 y fue la última gran urbe maya. Estaba rodeada de una muralla de nueve kilómetros, cuyo interior albergaba 4.140 estructuras, 140 de las cuales eran de carácter ceremonial. Aunque reunió las experiencias urbanas mayas y toltecas, su centro ceremonial está más próximo a Chichén Itzá que a los de las tierras bajas. Su templo principal es casi una copia del Castillo de Chichén y tiene un observatorio parecido al del Caracol. Abundan además las columnas serpentiformes y los vestíbulos con columnas o pilares. Unos 2.100 de sus edificios sirvieron

Chichén Itzá, presidida por el observatorio astronómico del Caracol, se constituyó en una de las espléndidas ciudades-estado que sobrevivieron, en un magnífico aislamiento, al hundimiento del poderío maya. La combinación de elementos toltecas y los originales mayas fue muy fructífera desde el punto de vista cultural.

de vivienda a una población estimada en unos 12.000 habitantes. Fuera de la urbe residían además numerosos campesinos.

Cocom, linaje reinante en Mayapán, reunió en torno suyo una aristocracia regional, lo que facilitó el control político y económico del área. El ejército de Mayapán estaba compuesto de mercenarios, muchos de los cuales procedían del centro de México. Con su ayuda logró mantener su primacía en Yucatán hasta el año 1441, cuando unas revueltas acabaron con la dinastía reinante y con la hegemonía de la ciudad. Surgieron entonces 17 provincias o Estados independientes, ninguno de los cuales tuvo relevancia especial. Hacia mediados del siglo XV, gran parte de la población maya de Yucatán había abandonado los centros urbanos y vivía en zonas rurales, donde mantenían sus antiguas costumbres y cierta relación comercial. Chichén, Itzá y Uxmal, antiguas ciudades esplendorosas, estaban desiertas. Esto fue lo que encontró Hernán Cortés en 1524 cuando atravesó la región camino de Honduras. Por cierto, que Cortés se guiaba por un mapa maya utilizado por los comerciantes para sus transacciones.

El llamado Imperio maya, el nuevo, se había pues desintegrado antes de la llegada de los españoles; había durado poco más de cuatrocientos años. Los restos del Viejo Imperio maya, el Clásico, estaban ya abandonados cuando llegaron los conquistadores, que no concedieron importancia alguna a aquellos templos suntuosos edificados en medio de la selva.

Los últimos mayas

El denominado Imperio Nuevo maya era en realidad una combinación de ciudades dispersas que en el siglo XVI estaban prácticamente abandonadas. Los campesinos, libres de la opresión sacerdotal, habían huido, dejando en ruinas los suntuosos recintos, en otro tiempo trabajosamente cuidados.

Los últimos mayas

Estructura social y comercio

Las últimas ciudades mayas fueron realmente majestuosas, pues combinaron los logros de los mayas clásicos (falsa bóveda, cornisa y frisos de máscaras), con elementos arquitectónicos mexicanos, tales como muros en talud, columnas de serpientes, pilares esculpidos y almenas. Se ensancharon las puertas de los templos, dividiéndolas en secciones por medio de columnas redondas con capiteles cuadrados y se las dotó de unos pórticos de columnas. En general, combinaron la planificación urbanística mexicana con la decoración maya, por lo que resultaron extraordinariamente bellas.

La nueva sociedad maya heredó la jerarquización de la antigua. Monarcas, nobles de sangre y de servicio seguían ocupando la cabeza de la pirámide, pero hubo innovaciones importantes: los sacerdotes bajaron de categoría ante el enorme prestigio alcanzado por los guerreros y los comerciantes. Los primeros, encuadrados en una especie de órdenes militares, garantizaban el poder del Estado, respaldando a los gobernantes, y la sumisión de los territorios dependientes.

En cuanto a los comerciantes, suministraban los artículos básicos y de lujo que una sociedad sofisticada demandaba. Muchos nobles se dedicaron a estas actividades, que incluso tentaron a los mismos reyes. Los comerciantes traficaban con alimentos, tales como el maíz, el frijol, la calabaza, el ají, la chía (semilla con la que se hace un refresco) y, sobre todo, el cacao y la

La sociedad maya del nuevo Imperio no difería en organización social de la que se había dado en la antigua era: la pirámide social seguía coronada por el monarca, apoyado por la nobleza y el clero, a los que sustentaba la numerosa plebe de campesinos y artesanos.

vainilla. También compraban y vendían pieles de animales feroces, plumas (sobre todo, de quetzal, guacamayo, tucán, garza y patos silvestres), colorantes, como la grana, o cochinilla, y el añil; maderas, algodón, henequén (fibra), copal (una resina que utilizaban como incienso para sus ceremonias religiosas), chicle (lo usaban como pegamento), jade, turquesa, pirita (para hacer espejos), obsidiana (mineral volcánico vítreo negro o verde, usado para fabricar cuchillos y navajas), alabastro, ámbar (para adornos), cobre, oro, plata, concha, loza de barro, etc. Sus centros de negociación más importantes eran Xicalango (Tabasco) y Zinacantán (Chiapas), Nito (Guatemala) y Naco (Honduras). La enorme expansión de la lengua maya les permitía abarcar aquel enorme radio de acción. Comerciaban por las rutas terrestres llevando caravanas de esclavos, que transportaban las cargas, y por las marítimas, mediante embarcaciones de hasta 25 hombres.

Antes de que los europeos descubrieran la tierra y cultura mayas, tropezaron con sus comerciantes. En 1502, Cristóbal Colón encontró en la isla de Guanaja (Honduras) —durante su cuarto y último viaje— una extraña canoa maya de unos ocho pies de ancho, dentro de la cual iban unos comerciantes con sus mujeres y niños y mercancías, como cacao, mantas de algodón coloreadas, hachuelas y cascabeles de cobre, lanzas o macanas, mazas con filos de pedernal, etc. La canoa venía de Yucatán e iba hacia Honduras.

Los últimos mayas

A través de recreaciones de la vida de los mayas, como los frescos de Bonampak, hemos obtenido un testimonio gráfico excepcional de las complejas prácticas de este pueblo, que en su última época de esplendor cultural había desarrollado una activa red comercial con pueblos muy lejanos de sus ciudades.

Los últimos mayas

La cerámica maya alcanzó una notable perfección, tanto en las producciones de bulto redondo como en las puramente suntuarias, decoradas con vistosos colores y atrevidos diseños.

La cultura maya

Salvo en los aspectos citados, los mayas nuevos seguían viviendo con los patrones de los antiguos. Empleaban los mismos calendarios, la misma matemática, la misma ciencia y las mismas creencias, y su vida cotidiana se regía por idénticas pautas.

Los mayas seguían la vieja tradición de deformarse el cráneo. A los pocos días de nacidos, les colocaban dos tablas en el frontal y en el occipital unidas por unas vendas, lo que producía un alargamiento de las paredes craneanas, que consideraban bello. También se deformaban a veces las narices para que tuvieran el aspecto del pico de un ave. Eran educados en una atmósfera de comedimiento y moderación, con enorme respeto a las autoridades y a los mayores. Incluso en su alimentación eran frugales.

En cuanto a la comida, solían tomar un desayuno ligero, compuesto de tortillas de maíz y un tazón de cacao. Luego, al volver de trabajar, hacían la única comida del día, compuesta de tortillas de maíz, legumbres y a veces carne o pescado. El cacao constituía un auténtico vicio nacional. No en vano se había domesticado en sus tierras, donde además se cultivaba el de mejor calidad de toda América. Su *chocolate* no tenía azúcar (desconocida en América hasta la llegada de los españoles), y consistía en una bebida fría de cacao y agua, a la que añadían a veces unos granos de maíz, e incluso ají o picante. Algunas veces se endulzaba con miel.

La civilización maya es admirada comúnmente por sus majestuosos templos y palacios, sus bajorrelieves y sus estelas (columna o lápida con relieves, plantada verticalmente en el suelo), o por sus logros matemáticos y astronómicos, pero, aparte de este corazón de piedra y de sus conocimientos prácticos, los mayas tuvieron también una enorme vitalidad artística y humanística, poco valoradas, como ponen de manifiesto su teatro, su danza y su música. Junto a los grandes templos se levantaron teatros, donde representaban verdaderas farsas y comedias, como dijeron los cronistas, tales como *El escabel del cielo*, *El vendedor de pavos*, *El vendedor de chiles*, *El que vende enredos*, *La guacamaya de la boca blanca* o *El cultivador de cacao*. Los actores que las representaban se vestían con trajes apropiados a la pieza escénica. En cuanto a su música, fue no menos notable y la ejecutaban con tambores pequeños y grandes, grandes trompetas, palos huecos, caparazones de tortuga, conchas marinas y silbatos. Cada comunidad tenía su maestro cantor, que enseñaba y cuidaba la armonía de los coros, aparte de inventar las canciones. En 1952 fueron descubiertas en Mérida nueve hojas escritas en maya, que contenían 15 cantares precolombinos que se entonaban acompañados de danza. Son conocidos como *Los cantares de Dziballché*, y son una extraordinaria manifestación de la vida espiritual del pueblo maya.

Perfil de una estatua colosal del Santuario maya de Copán, en la actual Honduras. El arte maya estuvo dedicado a funciones rituales. No obstante, el perfeccionismo logrado por sus artistas trascendió al aspecto puramente religioso.

6

Los aguerridos aztecas

Fue el pueblo más guerrero de la América prehispánica y logró conquistar el espacio mesoamericano existente entre las costas atlántica y pacífica y desde México central hasta el sur. Una región en la que vivían unos diez millones de habitantes gobernados desde una capital llamada Tenochtitlán, que se había construido en un altiplano situado a más de 2.000 metros de altura sobre el nivel del mar y dentro de unos lagos. Cuando entraron en ella los españoles dijeron que les recordaba a las cosas que se contaban en los libros de caballería, porque no parecía una realidad, sino un sueño. Los aztecas fueron un pueblo bárbaro de lengua nahua, pero, como sus antecesores, los toltecas, aprendieron de los conquistados. De esa forma se hicieron con toda la experiencia cultural mesoamericana, que hicieron suya. Por eso un pueblo guerrero fue también, paradójicamente, el más civilizado de Norteamérica.

Página del *Códice Tudela*, una de las obras que nos ha permitido conocer la realidad cotidiana del pueblo azteca.

La larga marcha hasta los lagos

Las leyendas aseguran que los aztecas vinieron a México desde un lugar montañoso, siguiendo el consejo de emigrar que les dio su dios Huitzilopochtli (de la guerra), quien tomaba la forma de un pájaro colibrí para hablarles. Les dijo que se fueran hasta un lugar donde encontrarían un águila (símbolo del aire) sobre un nopal (símbolo de la tierra) devorando una serpiente (símbolo del agua). Le obedecieron y emprendieron una larga marcha, al cabo de la cual encontraron los lagos del centro de México y en ellos lo que les había indicado su dios; los tres símbolos de tierra, agua y aire. Allí se quedaron y levantaron su gran ciudad. El águila, la serpiente y el nopal son hoy el escudo de México.

Las leyendas traslucen la realidad, y ésta es que el azteca era un pueblo primitivo y belicoso (por eso su dios más importante era el de la guerra) de lengua nahua, que vivía en la zona árida del noroeste de Norteamérica, desde donde se vio obligado a emigrar para subsistir. Tras una gran peregrinación de varios años, los aztecas arribaron al valle central de México (situado a más de 2.200 metros sobre el nivel del mar), una región rica en aguas (llegan desde las montañas nevadas cercanas) y dotada de unas excelentes tierras de cultivo de origen volcánico. Aquello debió parecerles el paraíso, comparado con el sitio de donde venían, y decidieron quedarse. El problema era que el valle de México estaba ya ocupado por gran número de pueblos civilizados.

Un pueblo guerrero

La leyenda que asocia el nacimiento de los aztecas con el águila, la serpiente y el nopal, fue adoptada por los aztecas como origen de su pueblo, al punto de que estos elementos mágicos han perdurado hasta hoy como símbolos del actual estado mexicano. Aquí, imagen del *Códice Durán*.

Un pueblo guerrero

Tuvieron que ofrecerse entonces a unos y a otros en categoría de mercenarios.

Finalmente entraron al servicio de Culhuacán, que les permitió establecerse en Tizaapán, lugar infestado de serpientes venenosas y que estaba por ello deshabitado. Los aztezas se comieron las serpientes, lo que aumentó su fama de bárbaros. El señor de dicha ciudad aceptó que vinieran a comerciar y hasta accedió a entregarles a su hija cuando se la pidieran para convertirla en esposa de Huitzilopochtli. Los aztecas mataron a la princesa, la desollaron y vistieron con su piel a un sacerdote, que bailó la danza ceremonial del matrimonio con su dios, pero el señor de Culhuacán no entendió el simbolismo y quedó horrorizado. Era el año 1323. Culhuacán declaró la guerra a los aztecas y les expulsó de sus tierras. Perseguidos y derrotados, se refugiaron entonces en un islote del lago de Texcoco, donde sólo crecían cactus y carrizos. Allí es donde, según las leyendas, encontraron el águila comiendo la serpiente sobre un nopal. Y allí fue donde el año 1325 fundaron Tenochtitlán, la ciudad de los mexicas de Tenoch, o Tenochca.

Una vez asentados en el lago de Texcoco, los aztecas comenzaron a crecer como pueblo respetado y temido por sus vecinos gracias a su belicosidad. El águila de los mexicas, representada en el *Códice Mendoza*, empezaba a imponer su ley en el territorio del valle de México. Fundaron su capital en Tenochtitlán.

La ciudad más bella de América

Tenochtitlán creció, y cuando la conocieron los españoles, casi dos siglos después de fundada, era una ciudad maravillosa. Estaba formada en realidad por dos ciudades, Tenochtitlán y Tlatelolco, ambas ubicadas dentro de una gran isla que había ido creciendo, pues los aztecas fueron ganando terreno al lago fabricando unas islas artificiales llamadas chinampas (una especie de balsas de juncos sobre las que echaban tierra). Desde el centro del islote salían tres calzadas, cruzadas por canales y con puentes levadizos, que la unían con la tierra firme. Por una de ellas, la que iba a la población de Chapultepec, venía un acueducto con el agua potable. Tenía dos caños o acequias; uno estaba en servicio mientras se limpiaba el otro. La ciudad tenía un centro monumental con 78 edificios (templos, palacios, el juego de pelota, etc.) y 108 barrios, donde vivía una población que se calcula entre 150.000 y 300.000 habitantes. Las casas eran de mampostería, con terrazas y pequeños huertos y jardines. Flores olorosas y plantas medicinales, estanques con peces y numerosos árboles ornamentales decoraban la ciudad del lago. Sus calles eran de tierra, canales o mixtas. Una red de canales

Tenochtitlán

Edificada sobre el lago, la que fuera humilde aldea de adobe de los comienzos del pueblo azteca terminó por convertirse en una extraordinaria ciudad de colosales dimensiones que, según ciertos cálculos, llegó a tener varios centenares de miles de habitantes. No es de extrañar que Cortés y sus hombres quedaran maravillados ante la belleza de Tenochtitlán.

Tenochtitlán

Estatuas pertenecientes al templo mayor de Tenochtitlán. Sobre las ruinas de la capital azteca se levanta hoy la gran metrópoli del distrito federal de México, en una continuidad urbana que prácticamente ha borrado los vestigios de la que fuera la capital del Imperio más poderoso de Norteamérica.

la surcaba en todas direcciones y facilitaba los transportes gracias a las canoas. Por la noche, cuando se encendían los hogares en las casas y templos, la ciudad tomaba un aspecto majestuoso vista desde tierra firme.

La enorme población de la capital azteca era abastecida de alimentos desde todas las comarcas del imperio, ya que su perímetro era casi exclusivamente urbano y no permitía producirlos. Para ello existía un inmenso mercado en Tlatelolco, que causó la admiración de Hernán Cortés y sus hombres, que lo contemplaron desde la parte alta del templo principal. Un verdadero enjambre de vendedores y compradores traficaban con toda clase de artículos, desde pavos hasta cerámica, pasando por plumas y mantas de algodón. Muchos de ellos han pasado con su nombre nahua a todos los idiomas del mundo occidental, como aguacate, chocolate, chile, cacao, copal, tomate, ocelotl, etc. Las transacciones se hacían por trueque o cuantificando el valor de los productos con granos de cacao.

Formación del poderío azteca

Unos 13 años después de fundar Tenochtitlán, los aztecas erigieron la ciudad de Tlatelolco. Dependían entonces de la ciudad de Azcapotzalco y seguían ofreciéndose como mercenarios. En 1367 lograron que Acamapichtli, hijo del señor de Culhuacán, fuera a Tenochtitlán para gobernarla. Su hijo casó luego con una princesa de Aztapotzalco, gracias a lo cual aliviaron sus presiones tributarias. En 1427, aprovechando las luchas entre diversas ciudades, los aztecas lograron independizarse al fin, estableciendo una triple alianza integrada por las ciudades de Tenochtitlán, Texcoco y Tlacopán. A partir de entonces iniciaron una sucesión de conquistas militares que les permitió dominar el valle de México.

El año 1440 fue nombrado tlatoani, o emperador de los aztecas, Motecuhzoma Ilhuilcamina, *el Viejo*, que emprendió grandes reformas políticas, sociales y religiosas, creando una verdadera burocracia. Sus ejércitos se lanzaron hacia el suroeste y sometieron varios reinos en Chalco, Oaxaca, Tepeyácac. Su heredero y nieto, Axayácatl, prosiguió las conquistas y anexionó la ciudad hermana y rival de Tlatelolco. La expansión continuó con sus sucesores hasta Ahuítzotl, quien alcanzó por el sur el istmo de Tehuantepec. Este soberano hizo además

Las conquistas aztecas

El poderío militar de los aztecas no se limitaba a guerras de conquista. Una vez dominados sus enemigos, los aztecas hacían periódicamente unas guerras que denominaban «floridas», con el fin de obtener tributos y prisioneros destinados a la esclavitud y los sacrificios humanos, y de mantener en forma a sus guerreros.

Las conquistas aztecas

La violencia de los aztecas para con sus vecinos hizo que germinara en ellos la semilla del odio contra los dominadores. Este factor de resentimiento fue aprovechado por Hernán Cortés para lograr el apoyo de los enemigos del emperador azteca contra una opresión cruel que duraba demasiado tiempo.

grandes obras en la capital, inaugurando el gran templo de la misma el año 1487, para lo cual se afirma que se sacrificaron más de 20.000 víctimas humanas. Mandó construir también el segundo acueducto de Tenochtitlán, prueba de su gran expansión.

En 1502 subió al trono azteca Motecuhzoma II Xocoyotzin, *el Joven*, a quien los españoles llamaron Moctezuma. Fue otro gran reformador. Convirtió a la nobleza de sangre en palaciega y robusteció la autoridad real. A él se deben una serie de normas sobre el boato y respeto a la figura del tlatoani, que tienen cierto carácter oriental. Motecuhzoma II no pudo terminar su reinado. En 1519 supo que unos invasores extraños —los españoles— llegaban a la costa este de su imperio en «naves tan grandes como casas», y poco después tuvo que aceptarlos como huéspedes de su ciudad. Murió accidentalmente en 1520, con la tristeza de ver ocupada la capital y el territorio por los intrusos.

La base del poderío azteca era la capacidad combativa de sus guerreros y el terror que infundieron a sus enemigos. La guerra era la actividad más noble, pues con ella se cumplía la finalidad de alimentar al sol (para que siguiera viviendo) con sangre humana. El objetivo de las batallas no era matar al adversario, sino hacerle prisionero para sacrificarlo luego a Huitzilopochtli. La enseñanza militar se hacía en una escuela, y luego los jóvenes adquirían experiencia como ayudantes de los guerreros

consagrados. Se agrupaban en órdenes militares, como las del Aguila, e incluso existían unos soldados profesionales que ocupaban siempre los lugares de mayor peligro. Cuando empezaron a escasear las guerras de dominación, los aztecas inventaron las «Guerras Floridas», que consistían en un tratado de guerra continua con sus vecinos de Tlaxcala y Huecotzingo, con objeto de tener siempre entrenadas las tropas y contar con prisioneros para el sacrificio. Algo que resulta incomprensible para nosotros.

La guerra les permitió apoderarse de recursos alimenticios y de objetos de valor que no había en sus tierras. Los vencidos tenían que pagar elevados tributos. Ya vimos el desarrollo agrícola de la zona en el Clásico, por lo que no es preciso insistir en ello. Pese a todo, la base dietética del azteca seguía siendo la tortilla de maíz y, a veces, una especie de empanadas, o tamales, rellenas de una masa de fríjoles, o judías rojas, y carne de pavo o perro, sazonadas con chile o picante. Una bebida muy frecuente era el chocolate, que se hacía con cacao, ají y a veces vainilla, flores o miel. Como bebida alcohólica tomaban pulque, obtenido de la fermentación de jugos extraídos del corazón del maguey.

Las conquistas aztecas

El último emperador azteca, Motecuhzoma, hubo de afrontar una grave crisis de autoridad motivada por augurios que pronosticaban el final de su reinado. Con la dinastía de Motecuhzoma caía todo un Imperio de enorme complejidad, cuyos dominios pasaron a poder de los nuevos señores venidos del otro lado del mar.

La sociedad azteca

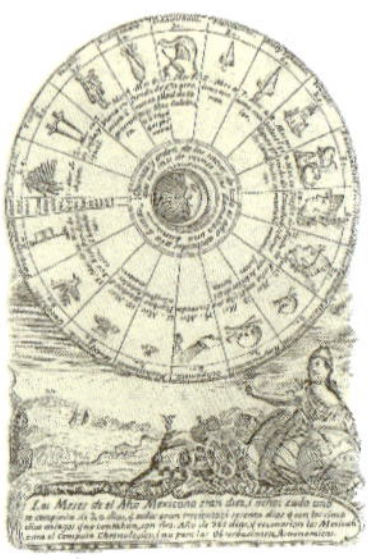

La vida cotidiana en un imperio como el azteca nos ha sido transmitida mediante las crónicas y códices ilustrados encargados por los españoles. Gracias a ellos, hoy podemos aproximarnos a la realidad de una sociedad organizada para servir las necesidades de tan complejo Imperio. La cultura azteca llegó a poseer unos valores propios, en modo alguno inferiores a los de otros pueblos mesoamericanos.

La sociedad azteca y su administración

Los aztecas tuvieron al principio una organización social y política de carácter tribal, pero sus conquistas los convirtieron en una clase privilegiada: la que mandaba en la confederación de los pueblos dominados. El estrato inferior de su sociedad estaba formado por los esclavos, que trabajaban las tierras de los señores. El pueblo contribuía al sostenimiento del enorme Estado y estaba dividido en agrupaciones llamadas *calpulli* (había 20 en la capital). Cada una de éstas poseía tierras comunales que distribuía en usufructo entre sus miembros, así como sus propios jefes, escuelas, templos, emblemas, etc. Los calpulli eran posiblemente restos de los antiguos clanes, pero la rápida transformación social que acompañó a las victorias militares hizo que este carácter estuviera ya desdibujado al llegar los españoles, que asimilaron calpulli a barrios de la capital. También el pueblo azteca había sufrido una transformación muy rápida, pues la dominación de otros reinos le había liberado de las actividades productivas básicas y se ocupaban

La sociedad azteca

La diosa del maíz, espléndida muestra del arte azteca.

La sociedad azteca

El sistema de dominación impuesto por los aztecas a sus vecinos implicaba una organización burocrática y militar que obligaba a los caciques de los pueblos sometidos a tributar periódicamente en especies y oro al señor de Tenochtitlán. Estos tributos eran la clave de la economía azteca.

ya de oficios muy especializados: eran alfareros, tejedores, carpinteros, albañiles, curtidores, pescadores, ceramistas, cesteros, joyeros, etc. Habitualmente, el hijo seguía la especialización paterna. Casi todos los oficios eran desempeñados por hombres, pues las mujeres cuidaban la casa, realizaban algunas actividades agrícolas ligeras y ejercían algo de comercio. Uno de los oficios de mayor prestigio era el de comerciante. Quienes se dedicaban al mismo, además de negociar con artículos de consumo y de lujo en grandes circuitos, realizaban tareas de espionaje, indicando al Estado los territorios que valía la pena conquistar y los tributos que debían imponerse después de dominados. Por encima estaba una nobleza (los pipiltin) de sangre (familiares de los tlatoani y grandes señores) y de mérito. Gran parte era palaciega o realizaba actividades administrativas.

En el vértice de la sociedad estaba la figura del tlatoani, o jefe de cada Estado, que residía en la ciudad principal del mismo y ostentaba el poder civil, militar y religioso. El cargo era hereditario entre los miembros del linaje reinante, pero la persona más idónea para ocuparlo era escogida por un consejo de electores. Todos los tlatoani debían obediencia al gran tlatoani de Tenochtitlán, que era el jefe de la confederación. En realidad, habían existido tres grandes tlatoanis, que fueron los de

las ciudades de Tenochtitlán, Tacuba y Texcoco, entre las que se pactó la triple alianza. De los tributos recaudados, dos quintas partes correspondían a Tenochtitlán, y otras dos quintas, a Texcoco, quedando para Tacuba la quinta parte restante. No obstante esta paridad, los últimos soberanos aztecas, y particularmente Motecuhzoma II, habían relegado a los monarcas de las ciudades aliadas a un segundo lugar. Paralelamente, había tenido lugar una sacralización de la persona del tlatoani de Tenochtitlán. Se debía permanecer descalzo en su presencia y no se le podía mirar de frente, sino siempre con la cabeza inclinada. Era transportado en una especie de litera y se tendían alfombras a sus pies para que no pisase la tierra. Motecuhzoma II vestía trajes muy lujosos y vivía rodeado de una gran corte y ceremonial en un palacio que se había mandado construir, despreciando la morada de sus antecesores.

La administración había asumido la función de sostener el orden social y elaboró un complejo código penal para quienes se salían de las pautas de conducta tradicionales. Crímenes, hurtos, perjurios, adulterios o embriaguez eran castigados con penas que iban desde la muerte por lapidación hasta la sanción pecuniaria y reposición de lo dañado. El código de comportamiento era imbuido a niños y jóvenes por padres y maestros.

La sociedad azteca

La administración del Imperio implicaba toda una serie de escalas de funcionarios encargados de la hacienda y la justicia. La rígida burocracia azteca, presidida por el emperador, no dejaba ningún resquicio. Todos los actos tanto de los ciudadanos libres como de los prisioneros y esclavos estaban sometidos a control.

Artesanía, atuendo y vivienda

Ya señalamos que, aunque los aztecas tenían su ancestro de pueblo bárbaro y primitivo a menos de doscientos años de su momento de esplendor, lograron aglutinar toda la experiencia civilizadora de Mesoamérica, por lo que resultaron ser el pueblo más refinado de la región. Por ello, habían perdido su memoria colectiva de pueblo nómada de las planicies áridas y reivindicaban una ascendencia mítica respecto de los civilizados toltecas.

La cultura azteca fue así la culminación de técnicas como la cerámica, la plumería, la lapidaria, la orfebrería, la pintura, los textiles, etc. Verdaderamente, pocos pueblos les superaron en el arte de trabajar la piedra. Fabricaban hachas, azuelas y cinceles muy finos desgastando laboriosamente el material. Con la obsidiana, roca volcánica muy dura y cortante, hacían cuchillos, navajas de afeitar y puntas de armas, mediante el procedimiento de presionar para sacar exfoliaciones. Su escultura monumental fue majestuosa, con dioses, bajorrelieves en los que narraban escenas importantes o la famosa piedra calendárica. Sus joyeros trabajaban el

Orfebres aztecas según el *Códice florentino*. La labor de los artesanos en el México precolombino resultaba esencial para abastecer la demanda de la gran ciudad, en cuyo mercado de Tlatelolco tenían lugar diariamente importantes transaciones comerciales.

oro y las piedras preciosas, haciendo preciosos espejos y máscaras con incrustaciones. No menos importantes, eran sus tejidos, hechos con fibra de algodón y maguey y decorados con bordados y tintes vegetales y minerales que aplicaban mediante sellos de barro cocido en los que figuraban en negativo las figuras, geométricas o zoomorfas.

El atuendo ordinario de los hombres consistía en un taparrabos y un manto anudado sobre el hombro. El de las mujeres, una túnica sin mangas y una falda que iba desde la cintura hasta la pantorrilla. Se calzaban con sandalias de cuero sujetas con correas bordadas. Los adornos, reservados para las grandes celebraciones, consistían en zarcillos, narigueras, pendientes labiales, collares, ajorcas y ornamentos de plumas. Los ornamentos, y aun la calidad de las telas, indicaban la condición social de las personas, estando prohibidas las prendas de algodón fino y los adornos a la gente del pueblo.

La vivienda era unifamiliar y consistía en una habitación cuadrangular hecha con adobe (en la periferia urbana, con cañas entretejidas) y un techo plano que los españoles llamaron *terrazas*. Unas teas de pino alum-

Los dioses eran los destinatarios de la sangre de las víctimas de los sacrificios humanos. El dios del pulque que aparece en la imagen es todo un despliegue de ofrendas.

La cultura azteca

braban el interior, ya que las ventanas eran poco frecuentes. En el centro ardía el fuego, sobre un hogar de piedra. Se comía sobre esteras extendidas en el suelo y se dormía sobre camas de tierra o de madera cubiertas de juncos, esteras, pieles y mantas. Los ricos y nobles tenían palacios consistentes en varias piezas que rodeaban un patio rectangular, con paredes de estuco. A veces, los muros eran de piedra y las terrazas tenían una decoración almenada. En el interior había un mobiliario de mesas, arcones y sillas de madera.

Herederos de todas las tradiciones mesoamericanas tuvieron también los dos calendarios: religioso (260 días) y solar (365); desarrollaron una escritura (jeroglífica y fonética), que utilizaron en sus códices, hechos con corteza de árbol y doblados en forma de biombo, como los mayas, y fueron verdaderos maestros en arquitectura religiosa. En el centro de Tenochtitlán se levantaban 78 edificios ceremoniales, como el templo circular a Quetzalcóatl, otros a diversos dioses, el juego de pelota, un lugar donde se colocaban los cráneos de los sacrificados y, sobre todo, el gran templo, al que se accedía por dos escalinatas monumentales y donde se rendía culto a los dioses: Huitzilopochtli, el viejo dios de la guerra, y al dios de la lluvia (llamado Tlaloc).

El ritual religioso de los sacrificios humanos impresionó vivamente a los conquistadores españoles por su especial crueldad y truculencia. Los cronistas reflejan la sorpresa y el escándolo que representaban para los españoles estas prácticas.

La religión azteca

La religión de los sacrificios humanos

La religión era quizá la mejor expresión de la síntesis azteca. Rasgos de crueldad y barbarie propios de la época primitiva de pueblo nómada, un culto agrario centralizado en el dios de la lluvia mesoamericano (Tlaloc), chamanismo (forma de práctica religiosa en la que el chamán, o brujo, alcanzado el trance místico, toma contacto con los espíritus) y culto a la naturaleza, héroes culturales, como el Quetzalcóatl tolteca, fetichismo con algunos animales, como el viejo jaguar olmeca, etc. Todo esto había sido barajado y ordenado hasta donde era posible por una casta sacerdotal para darle cierta coherencia y, sobre todo, para dotarlo de un ritual espectacular con el que se tenía dominado y sobrecogido al pueblo.

Dentro del enorme cúmulo de dioses (los había para todo), ninguno era más poderoso que otro, pero había cuatro que compartían el cénit de todo el panteón: Quetzalcóatl, o el dios de la guerra; Tezcatlipoca o el Espejo Humeante (juez de pecadores y humillador de los orgullosos); Quetzalcóatl, o la Serpiente Emplumada (dios del viento y del aire), y Tlaloc, dios de la lluvia.

La ideología azteca relacionada con la función religiosa del sacrificio humano se fundamentaba en la creencia de que el fluido vital, la sangre, pasaba de las víctimas sacrificadas a los dioses, para servirles como sustento.

La religión azteca

El culto corría a cargo de una casta sacerdotal preparada en los calmecac, o escuelas de los templos, donde estudiaban por lo común los hijos de los nobles. Lo normal es que los jóvenes abandonaran dicha escuela al llegar a la edad militar y marcharan a cumplir sus destinos, pero quienes manifestaban vocación religiosa seguían allí, perfeccionándose en conocimientos calendáricos, escrituras sagradas, prácticas ascéticas y cántico y ritual.

Dentro del clero había una jerarquía compleja y dos pontífices máximos dedicados al servicio de Huitzilopochtli y Tlaloc. Estos aconsejaban al tlatoani en cuestiones como la guerra o la política general. También había sacerdotisas y una especie de conventos de monjas (no podían casarse), pero las mujeres no llegaban a pasar de la categoría de auxiliares de los hombres en las ceremonias.

Función sustancial de los sacerdotes era averiguar lo que iba a ocurrir, para lo cual recurrían a la manipulación de los calendarios, que manejaban con destreza. Combinando los signos de los 13 días de cada mes con los de los 20 del calendario sagrado auguraban el destino de los recién nacidos (y con ello, el nombre que se les imponía), de los matrimonios, de las guerras, etc.

Esta es la máscara de Xip-Totec, dios de la lluvia y la vegetación; era una divinidad de origen pacífico, cuyo contraste con la crueldad atribuida a otras divinidades refleja el carácter complejo del variado panteón azteca.

La religión azteca

La cosmogonía azteca suponía que el mundo había tenido ya cinco eras o soles, cada una de las cuales había terminado con una catástrofe. Ellos vivían en la era del cuarto terremoto, cuyo fin iba a ser un inmenso seísmo que lo destruiría todo.

Todo el orden cósmico y natural, incluida la lluvia, dependía de la fuerza de sus dioses para mantenerlo. Para ello era necesario hacerles ofrendas para tenerlos contentos. La ofrenda más importante era la de sangre, fluido vital, que los mantenía siempre jóvenes y vigorosos. De aquí derivaron los sacrificios de seres humanos que se hacían en los templos. Las víctimas eran colocadas sobre una piedra ceremonial y se les extraía luego el corazón con un cuchillo de obsidiana. La víscera, aún palpitante, era ofrecida a los dioses mientras que el cuerpo era arrojado por las escaleras del templo, ante una impresionada multitud que asistía a la ceremonia. Nadie sabe el número de sacrificados. Se afirma que para la inauguración del templo mayor de Tenochtitlán, a finales del siglo XV, se sacrificaron entre 20.000 y 40.000 víctimas. Cortés aseguró que en dicho templo había una colección de 136.000 cráneos humanos de inmolados a los dioses.

Los prisioneros de guerra eran los principales candidatos a ocupar la piedra de los sacrificios que coronaba el templo mayor de Tenochtitlán. Según los cronistas españoles, la sangre de las víctimas corría en cascada por las escaleras del templo los días en que se celebraban sacrificios.

7

Los efímeros incas

Los incas establecieron el mayor y más breve estado de la América prehispánica. Dominaron lo que hoy es el sur de Colombia, Ecuador, Perú, Bolivia y la mitad de Chile, pero por poco tiempo. La civilización incaica duró apenas un siglo, y su gran Imperio, unos 50 años, los anteriores a la llegada de los españoles. Dentro de ese espacio —que ellos llamaron el mundo (*Tahuastinsuyu*, en su lengua), porque pensaban que afuera no había más que bárbaros— vivieron entre 15 y 30 millones de habitantes, en una de las regiones más altas del mundo (la segunda, tras el Himalaya), embolsados en una especie de isla longitudinal que tenía la cordillera andina y el océano Pacífico en sus lados mayores y los desiertos chilenos y la selva en los menores. Muchas veces se ha dicho que la región (sin ríos navegables, con desiertos y cumbres incultivables) era la menos apropiada para el surgimiento de una civilización. El conocimiento de su prehistoria y de las culturas formativas y clásicas hacen perfectamente comprensible el fenómeno. Como en el caso de los aztecas, los incas fueron herederos y deudores de las aportaciones de sus antepasados del Chavín, Tiahuanaco, Nazca, Chimú, Huari, etc.

Calles de Cuzco, capital del Imperio inca. Las enormes piedras sobre las que se levantaron los edificios palaciegos y las viviendas de sus primeros moradores son hoy la base de las edificaciones de la bellísima ciudad colonial peruana.

Tan sólo un siglo de historia

Si el mundo (civilizado, porque fuera de él no había otro vivible) de los incas se limitaba a sus dominios, su ombligo, su centro, no era otro que Cuzco, la capital. Allí llegaron, según las tradiciones, diez tribus mandadas por su jefe Manco Cápac, sobreviviente de los cuatro clanes de lengua quechua (*kechua*) que, según la leyenda, salieron de las cuevas de Pacari Tambo, un lugar situado a unos 25 kilómetros de Cuzco. Cápac llevaba una misión, encomendada por el dios Sol: fundar una ciudad donde se hundiese en la tierra el bastón de oro que llevaba. Y el bastón se hundió al arribar a Cuzco. Se estableció allí con su gente.

La realidad es que los incas eran posiblemente una tribu belicosa y primitiva, de lengua quechua, que procedía de algún valle cercano al río Urubamba. Su lengua, que luego sería el idioma oficial del Imperio, ha dejado gran número de palabras en todos los idiomas del mundo, como alpaca, coca, cóndor, guano, llama, pampa, puma y quinina.

Los incas lograron establecerse finalmente en Cuzco hacia el año 1100 con su primer jefe, Sinchi Roca. Allí iniciaron un proceso de consolidación y dominio del territorio próximo, recibiendo las beneficiosas influencias culturales de Tiahuanaco y del Imperio huari, que duró toda la etapa legendaria de su historia (hasta el año 1438).

Pachacutec es el primer monarca o Inca histórico; comenzó a gobernar en 1438. Por esto dijimos que la historia incaica apenas tiene cien años, y su gran dominio, medio siglo. Pachacutec, cuyo nombre significa «el transformador del mundo», se lanzó a grandes conquistas militares desde Cuzco y por los cuatro puntos cardinales, lo que le permitió dominar parte de lo que hoy es Perú y Bolivia.

A Pachacutec le sucedieron otros cuatro Incas, que completaron su obra, alcanzando el sur de Colombia y Chile. El último de éstos se llamó Atahualpa y subió al trono en 1532. Apenas duró un año: en 1533 fue derrotado por los españoles, que mandaba Francisco Pizarro, en la población de Cajamarca. Allí sucumbió el mayor imperio americano, en una batalla que duró una hora. Atahualpa fue luego asesinado.

Fragmento de un tejido nazca tardío. Los incas asumieron el legado de los pueblos anteriores a su aparición y mantuvieron sus técnicas artísticas respetando los estilos y las formas del período Clásico.

El Imperio inca

En Cuzco se instaló la capital de este efímero Imperio de sólo 98 años que llegó alcanzar un poder y una organización extraordinarios. En la página opuesta, las terrazas o andenes incaicos, que todavía son hoy el fundamento de la agricultura serrana.

El ombligo y los caminos del mundo

Cuzco se fundó en un valle andino situado a 3.500 metros sobre el nivel del mar, donde confluían tres ríos. Se dice que el Pachacutec visitó Tiahuanaco y quedó tan impresionado que mandó luego hacer los grandes edificios de la capital, con sus muros de piedras cortadas y ensambladas sin argamasa. Construyó el templo del Sol, o «Coricancha» (sobre el cual los españoles erigieron la iglesia de Santo Domingo) y algunos otros, palacios para los altos dignatarios y un convento para las «acllacuna», o vírgenes del sol, que hacían allí telas bellísimas y participaban en ciertas ceremonias religiosas.

La ciudad estaba planificada según calles rectas y largas, aunque estrechas, que salían de dos plazas. Tenían aceras o andenes, y por el centro discurrían las aguas negras o residuales, que se drenaban con un eficaz sistema de alcantarillado. Se dividió inicialmente en cuatro grandes barrios, donde moraban los clanes, o «ayllus». En el centro vivía la aristocracia, en grandes palacios rodeados de muros y jardines, y provistos de agua corrien-

El Imperio inca

La riqueza del incario permitió la construcción de una infraestructura de comunicaciones y fortalezas defensivas como la de Sacsahnamán, capaces de garantizar la unión de todos los puntos del Imperio y su protección.

te, que se traía por medio de canalizaciones desde las fuentes frías y calientes de las montañas próximas. Se calcula que Cuzco tuvo unos 200.000 habitantes en su época de esplendor, y es la única gran ciudad prehispánica que ha pervivido con una ocupación permanente o ininterrumpida, superponiéndose en ella lo español a lo incaico y lo peruano a lo español.

Desde Cuzco salían los caminos más importantes del Imperio, con direcciones norte, sur y este. La red de comunicaciones inca, conocida como el Incario, fue la mayor del continente (aprovechó en gran parte la Huari) y se le calcula una longitud de 40.000 kilómetros. La vía principal iba hacia Quito (norte) por los Andes; a veces estaba excavada en forma de escalera por la roca viva. La que iba hacia el sur alcanzaba el noroeste argentino y Chile. Al atravesar los desiertos se convertía apenas en unos mojones o hitos de piedra, a modo de indicadores. Los riachuelos se salvaban mediante unas canastas que pendían de un cable o tarabita y eran impulsadas por el propio viajero. Los ríos se cruzaban por

medio de grandes puentes hechos de fibras vegetales. Había también otra gran arteria que recorría la costa desde Túmbez hasta Arequipa, con muchos ramales de enlace hacia la vía troncal. Por estos caminos se movía un gran comercio (utilizando la llama como bestia de carga) y las tropas conquistadoras. Cada dos o tres kilómetros aparecía en ellos un tambo o almacén —había unos mil—, donde se guardaban alimentos o material de guerra. Allí permanecían dos corredores, o *chaskis:* uno vigilaba mientras el otro descansaba. Se utilizaban para transmitir mensajes o transportar pequeños objetos. Un chaski salía con la información desde un lugar, y al llegar al tambo siguiente era relevado por otro, que corría a su lado mientras le comunicaba la noticia. El relevo era a su vez relevado en el tambo siguiente, y así sucesivamente. De esta forma, los mensajes podían transmitirse a una velocidad de unos diez kilómetros por hora. Se dice que por este procedimiento el Inca podía comer en Cuzco pescado fresco capturado en la costa.

Los sillares ciclópeos encajados por sus ángulos requerían de un enorme trabajo colectivo que mantenía ocupados a numerosos contingentes de obreros.

Agricultura y ganadería

Economía y cultura incaicas

Como en el caso azteca, los incas recogieron toda la experiencia cultural y tecnológica desarrollada en la zona andina y costera durante 10.000 años. Su economía, por ejemplo, era la más amplia de América, ya que comprendía la agricultura y ganadería, complementada con pesca, caza y recolección. Las labores agrícolas las realizaban haciendo terrazas en las laderas de las montañas, irrigando artificialmente las tierras y abonándolas con guano y peces descompuestos, todo lo cual se desarrolló en el período Clásico, como sabemos.

En el trabajo agrícola participaba toda la familia. Los hombres cavaban la tierra con una pala de madera que tenía un travesaño para apoyar el pie, y las mujeres iban tras ellos quitando las piedras y rompiendo los terrones. La siembra se hacía con un palo agudo y la escarda, con una azada de piedra.

La dedicación de los incas al trabajo era tan esforzada como el interés mostrado por el cuidado de la tierra; sólo así se explica que se pudieran obtener buenos rendimientos agrícolas en zonas tan difíciles como el altiplano y las sierras andinas. Aquí vemos un quero (vasija de madera) incaico con representación de labores agrícolas.

Agricultura y ganadería

La base alimenticia la constituía el maíz, que se comía hervido o tostado. Masticando y dejando fermentar sus granos fabricaban la chicha, su bebida alcohólica usual. En las tierras altas, el maíz era sustituido por la quinoa, ingerida en forma de papilla. Consumían también mucha patata, o papa, oriunda de la zona, que deshidrataban por un procedimiento utilizado ya por los habitantes de Tiahuanaco: someterla a intensos calores durante el día y a las heladas por la noche. Convertida en una harina llamada *chuño*, podían conservarla durante mucho tiempo. La comían luego echándole agua y sazonándola con ají o chile y sal. También cultivaban el cacahuete y la oca. En la costa se producían fríjoles, habas, calabazas, tomates, camotes, mandiocas, chiles, aguacates y numerosas frutas. En la zona oriental cultivaban además mucha coca, cuyas hojas, mezcladas con cal, tomaban a modo de estimulante, para mantenerse trabajando durante muchas horas sin necesidad de consumir alimento o recorrer grandes distancias a pie.

La ganadería era muy importante en las zonas altas, donde las tareas agrícolas resultaban muy difíciles. Se basaba principalmente en la llama y la alpaca. El primero de estos animales era utilizado para el transporte (podía cargar unos 50 kilos) y para obtener lana, de la que se hacían mantas y vestidos. La alpaca daba una lana más fina, pero no servía como animal de carga. Los incas no comían, sin embargo, estos animales, que eran demasiado valiosos. Como carne utilizaban la de conejillos de Indias o curís, patos y perros.

Su civilización perfeccionó todos los logros culturales anteriores, como la construcción de edificios, templos y fortalezas con sillares ensamblados sin argamasa (rebajaban además las uniones, dando a los muros un aspecto almohadillado), el trabajo en piedra, la cerámica (no llegaron a superar la policromía nazca ni los vasos escultóricos mochicas), entre la cual destacaba el famoso vaso o *quero* incaico, que procedía de Tiahuanaco, como sabemos. Poseyeron además una gran técnica metalúrgica y textil. La elaboración de telas y mantas era trabajo exclusivamente femenino, realizado en telares verticales o de cintura. Estos últimos tenían una trama o urdimbre sujeta entre dos vástagos; el superior se sujetaba a un árbol o poste, y el inferior remataba en

Escena tomada de la obra de Felipe Huamán Poma de Ayala, *Nueva crónica y buen gobierno*, sobre el sistema de correos y comunicaciones existente en el Imperio incaico, gracias al cual era posible una comunicación entre los distintos puntos del territorio dominado por el inca.

Vestido y calzado

Fortaleza de Machu-Picchu (Perú), ciudad-santuario inca a la que se considera símbolo de un Estado jerarquizado al que los ciudadanos ofrecían su dedicación plena.

un cinturón que rodeaba las caderas de la india. Mediante un movimiento de ellas podía abrir o cerrar la urdimbre a voluntad. El atuendo masculino inca consistía en un taparrabos sujeto a la cintura con una cuerda y un poncho sin mangas; el femenino consistía en una especie de camisola que iba desde las axilas a los tobillos, ceñida a veces con una tira bordada, o *chumpi*, a modo de cinturón. Dicha tira servía también para transportar a los bebés; se sujetaba entonces a la cabeza. Encima de la camisola se ponían un manto o capa. En cuanto al calzado, consistía en una sandalia con suelas de fibra de maguey o cuero y sujetas con correas o con unos cordones de lana.

El Inca, vértice de la estructura sociopolítica

Toda la estructura sociopolítica estaba concebida para asegurar el dominio de los incas sobre otros pueblos y la hegemonía de los grupos dirigentes sobre el resto de la sociedad incaica. Una estructura piramidal, que iba a converger en un vértice: la persona del Inca, dueño y señor del mundo.

La sociedad, fundamentada en la familia y en el ayllu, estaba organizada jerárquicamente. La familia era comúnmente monógama (aunque los nobles y el Inca practicaban la poligamia), y el matrimonio era de carácter civil.

Todos los años se celebraba una gran ceremonia de esponsales. Llegaba un funcionario del Estado y alineaba a un lado a los hombres, y a otro, a las mujeres, procediendo luego a entregar oficialmente a cada hombre su esposa, por lo general seleccionada ya con anterioridad. En caso de que un hombre no hubiera escogido, el funcionario le asignaba una esposa entre las mujeres sobrantes.

En cuanto al ayllu, era un clan mucho más definido que el calpulli azteca, pues todavía tenían el tótem del ancestro común, representado por el cóndor, el puma, la serpiente, etc. Sus miembros vivían reunidos en un espacio territorial, comúnmente una aldea y su entor-

Familia y ayllu

Sobre la vida de los primitivos pueblos del Imperio inca pesaba una poderosa máquina estatal que disponía rígidamente el puesto que cada cual debía ocupar en la sociedad. En la actualidad, quechuas y aymaras llevan una vida marginal dentro de los estados modernos, herederos de una organización colonial que acabó con las instituciones indígenas.

Organización del ayllu

El esplendor de las ciudades incaicas nos muestra el grado de perfeccionamiento arquitectónico y urbanístico que lograron sus constructores. El contraste entre las sencillas viviendas domésticas y el monumentalismo de palacios y templos también se dio en esta civilización andina.

no, y tenían sus jefes, que asignaban a cada cabeza de familia la parcela de tierra que debía cultivar para sustento de los suyos (si no se la trabajaba por un tiempo volvía al ayllu). Mediante redistribuciones periódicas se impedía que se produjeran desniveles de riqueza entre sus miembros.

El ayllu tenía también unas tierras comunales, en las que tenían la obligación de trabajar todos los cabezas de familia, conjuntamente, para el sostenimiento del jefe, de los ancianos y de los incapacitados; y contaba asimismo con otras tierras cuyo usufructo se destinaba al culto del sol y del Inca.

Finalmente, existían también tierras para pastizales de las llamas, propiedad del clan. Cada año se las esquilaba y se distribuía su lana entre todos los miembros que componían el ayllu.

La sociedad incaica tenía en realidad pocas diferenciaciones, excepto en su clase nobiliaria y religiosa. Pachacutec transformó el sistema feudal que había heredado en otro de grupos y funcionarios, reglamentando además el sistema de producción y distribución de la riqueza o consumo.

El pueblo masculino quedó clasificado en diez grados de edad con arreglo a su capacidad productiva, que empezaba a los veinticinco años y acababa a los cincuenta. Estos trabajadores, o *puric*, debían sostener a sus familias, a los ayllus, a la administración imperial y a la religión.

Los antiguos caciques o jefes del clan fueron transformados en funcionarios, y cada uno tenía bajo su cargo a cien puric.

Otras unidades complejas similares a tribus, provincias y reinos permitían al Inca dominar todo su territorio a través de un nutrido cuerpo de funcionarios. Por encima de ellos estaban únicamente los nobles vinculados a la sangre del Inca, a los que los españoles llamaron orejones por su costumbre de perforarse los

Al servicio del Inca

Los funcionarios estatales tenían a su cargo el control de la contabilidad pública y la recaudación fiscal; para efectuar estas operaciones se ayudaban con un sistema de cuerdas, denominado quipu, en el que iban anotando las cifras de las contribuciones y el pago de los impuestos mediante un complejo sistema heredado de padres a hijos.

Al servicio del Inca

lóbulos de las orejas para introducir en ellos enormes adornos. Por debajo de los puric estaban los yanacones o siervos, gran parte de ellos prisioneros capturados en campañas militares.

En la cúspide social estaba el Inca, a quien se consideraba descendiente del dios Sol, motivo por el cual sólo podía casarse con su hermana, la coya, ya que así sus hijos conservarían esa misma esencia solar. Aparte de la coya, o esposa legítima, tenían numerosas concubinas. El Inca vestía ropajes exquisitos, confeccionados por las mamacunas o vírgenes del Sol, y jamás repetía un vestido. Portaba una maza y llevaba una borla en la frente, como símbolo de su dignidad. Vivía en un gran palacio y comía en vajillas de oro y plata. Se trasladaba en una litera que transportaban hombres de su linaje. Cada Inca iniciaba su reinado con un gran ayuno y una inspección a sus territorios.

La nobleza incaica poseía todo el ceremonial propio del gran Inca: la imagen del libro de Poma de Ayala nos muestra a un gran señor conducido en silla de manos durante un recorrido por sus dominios.

Al servicio del Inca

Una característica general de la sociedad incaica era su enorme grado de socialización. Con excepción de la delgadísima capa de nobles que hemos señalado, todo el pueblo trabajaba para la estructura estatal, si bien hay que incluir dentro de ella al Inca y a la religión. Los puric, además de laborar para su clan, debían ofrecer su servicio personal gratuito para la construcción de las grandes obras públicas, que solían emprenderse tan pronto como se conquistaba un nuevo territorio: caminos, fortalezas, sistemas de riego, etc. De esta prestación de trabajo personal obligatorio tomaron los españoles la institución de la mita.

Baudin acuñó con cierto éxito el calificativo de *socialista* para el Estado incaico, que han seguido empleando otros muchos autores. El socialismo incaico es en realidad la resultante de una monarquía tiránica de tipo oriental, que protegía una aristocracia y favorecía los intereses de la casta sacerdotal a costa de un pueblo trabajador.

La condición de la mujer dentro de la sociedad inca no era muy diferente a la de otras civilizaciones. Las mujeres destinadas a profesar en el culto del Sol o a ser educadas para contraer matrimonio con la nobleza residían en conventos donde realizaban hilados y tejidos como vemos en este grabado.

Ciencia y técnica

La religión y las artes tuvieron un notable protagonismo en la vida de los incas. La decoración de los queros nos ha permitido reconstruir aspectos muy importantes de la vida ceremonial cotidiana de un pueblo dedicado por entero al servicio del todo poderoso Inca, el emperador, máximo jefe político y espiritual de su pueblo, que tenía en la llama su animal sagrado por excelencia.

El pueblo del Sol

Los incas destacaron en muchos aspectos intelectuales, tales como un sistema de contabilidad decimal, que introdujo Pachacutec, o la utilización de un calendario lunar (el año comenzaba en el solsticio de invierno) de 12 meses de 30 días más cinco complementarios. Sus astrónomos podían medir con precisión los solsticios y equinoccios. En medicina dominaron la técnica de trepanación craneana, que habían aprendido de las culturas clásicas de la costa. Aunque no emplearon escritura, registraban sus tradiciones mediante pinturas y desarrollaron un tipo de contabilidad nemotécnica basado en el quipu; una serie de cuerdas de colores anudadas, que les permitía registrar el valor de los tributos o consignar hechos notables. Lo manejaba el quipucamayoc, o contable.

Aspecto muy importante fue la religión, que el Estado impuso a todos los pueblos vencidos como parte de su incaización. Como en el caso de los aztecas, se trataba de una amalgama donde proliferaban creencias animistas, fetichistas, totémicas, etc. Los dioses principales eran Inti, o el sol; Quilla, o la luna, e Illapa, o el trueno. Creían también en un dios creador, llamado Viracocha, al que

rendían escaso culto, salvo grupos de sacerdotes cultivados. Otras divinidades eran el mar y la tierra.

La casta sacerdotal se componía de personas seleccionadas (pertenecían a la clase aristocrática o a gentes en cuyas vidas había sucedido algo tenido por sobrenatural) y estaba rígidamente jerarquizada. Su pontífice máximo era el Uillac Umu, que era el tío o hermano del Inca. Residía en el gran templo del sol, en Cuzco, y llevaba una vida repleta de restricciones o prohibiciones, por lo que era muy venerado. La función de los sacerdotes era predecir el futuro y conservar el orden presente. Para lo primero, hacían ayunos y tomaban alucinógenos o estimulantes, con objeto de entrar en un trance que les permitía ver lo invisible. Había algunos oráculos famosos, como los de Rimac y Pachacamac. En cuanto al orden presente se mantenía mediante sacrificios a los dioses, sobre todo al sol, que era de quien

La religión inca

El Intihuatama o reloj solar, construido en Machu Picchu, es un altar dedicado al culto del Sol, cuya adoración, encargada a una poderosa casta sacerdotal, regía todo el ciclo vital del pueblo inca.

La religión inca

Distribución de las principales culturas precolombinas en el continente americano. Los pueblos más atrasados ocuparon las tierras septentrionales del continente, así como las selvas y llanuras meridionales. Otros grupos formativos se movieron por las costas atlánticas de Brasil y las Antillas. Los pueblos más evolucionados se asentaron en la zona comprendida entre México y Honduras, así como en la meseta colombiana y en los Andes Centrales. Arriba, cuchillo inca de oro.

dependía la madurez de las cosechas, la lluvia y la multiplicación de los rebaños. Se sacrificaban toda clase de elementos valiosos, como plumas, piedras preciosas, conejillos de Indias, maíz, chicha, etc. El sacrificio mayor era por lo común de llamas. En cuanto a los humanos, eran poco frecuentes, y sólo se recurría a ellos en casos críticos, como guerras, terremotos, enfermedades, etc. En tales casos, las víctimas solían ser niños, considerados como lo más valioso que podía ofrendarse.

El culto oficial implicaba una serie de ceremonias a lo largo del año solar. La más importante era la del Inti Raymi, que correspondía al solsticio de invierno y se celebraba en junio. Para ella acudían a Cuzco las personalidades de todas las provincias del Imperio, que se congregaban al amanecer en la gran plaza que había delante del templo del sol. Al salir los primeros rayos de luz se postraban y saludaban al sol naciente. Se levantaban luego, primero el emperador, quien le ofrecía licor en un vaso de oro, derramándolo en un conducto que llegaba hasta la imagen solar. A continuación, el emperador bebía de un segundo vaso y pasaba al templo, donde se depositaban a los pies del ídolo presentes de oro y plata. Un sacerdote sacrificaba una llama negra y leía los presagios en sus pulmones. Si eran favorables se sacrificaban otros dos animales, y luego, infinidad de ellos, con cuya carne se celebraba un gran banquete. Si era desfavorable se retiraban todos apesadumbrados.

Malos presagios tuvo Huayna Cápac, el último gran soberano, quien a su muerte (1522) decidió romper la unidad incaica, dando a su hijo Huáscar la parte meridional de Imperio, y a su hijo Atahualpa, la septentrional. Según las leyendas recogidas por los españoles, ambos hermanos lucharon por el poder y emprendieron una cruel guerra civil, en la que al cabo venció Atahualpa. Los verdaderos beneficiarios fueron, sin embargo, unos invasores que, al mando de Francisco Pizarro, penetraron en el Imperio del Sol el año 1532, camino de Cajamarca. El 15 de noviembre de aquel mismo año el poderoso ejército de Atahualpa fue derrotado allí en una batalla que duró menos de una hora. Capturado el vértice de la pirámide, todo el Imperio inca se desmoronó como un castillo de naipes.

AMERICA PRECOLOMBINA

Datos para una historia

Años	América
100.000 a. C.	Poblamiento muy dudoso.
40.000 a. C.	Poblamiento dudoso.
11.500 a. C.	Cazadores Sandía y Clovis.
9.000 a. C.	Cazadores Folsom.
7.000 a. C.	Se inicia el Período Reciente y la domesticación de alimentos.
6.000 a. C.	Comienza el Período Arcaico.
5.000 a. C.	Altitermal (subida de la temperatura). En Mesoamérica se cultiva ya el maíz.
4.000 a. C.	Se cultiva el frijol en Mesoamérica y casi simultáneamente en Suramérica.
3.500 a. C.	Cultivo del algodón en Suramérica.
3.150 a. C.	Primeras cerámicas.
3.000 a. C.	Se domestica la llama en la zona andina.
1.200 a. C.	En la zona de la actual Colombia se usa la yuca como alimento. Se inicia el desarrollo de la civilización olmeca, que se extiende hasta el 400 a. C.
850 a. C.	En Chavín de Huántar, centro ceremonial de la zona Centroandina, comienzan a construirse templos.
100 a. C. 0 d. C.	Se inicia el período Clásico en Mesoamérica y en la zona Centroandina. Durará hasta el año 1000 de nuestra era.
450 d. C.	Final cultura Nazca. Se inicia el apogeo de Tiahuanaco.
600 d. C.	Final cultura Mochica.
900 d. C.	Se inicia la decadencia de los mayas del Clásico, cultura surgida 650 años atrás. Inventaron una escritura ideogramático-fonética, un calendario y un sistema para calcular el tiempo. Apogeo de Tula, ciudad fundada por los tolteca.
987 d. C.	Llegan a Yucatán gentes de Tula mandadas por Kukulcán; se instalan en Chichén Itzá, ciudad que convertirán en cabecera de un poderoso estado y que sería destruida en el siglo XII.
1.100 d. C.	Los incas se establecen en Cuzco con su primer jefe, Sinchi Roca.
1.168 d. C.	Caída de Tula, capital de los tolteca.
1.200 d. C.	Diáspora de los itzá hacia la región del Petén.
1.299 d. C.	Llegada de los aztecas a Chapultepec.
1.323 d. C.	Culhuacán declara la guerra a los aztecas y los expulsa de sus tierras.
1.325 d. C.	Los aztecas, que se han refugiado en un islote del lago Texcoco, fundan allí Tenochtitlán.
1.438 d. C.	Pachacutec, primer inca histórico, comienza a gobernar. Esplendor del Imperio inca.
1.440 d. C.	Motecuhzoma Ilhuilcamina, *El Viejo*, es nombrado Emperador de los aztecas. Los portugueses encuentran oro en Río de Oro.
1.500 d. C.	Inundación de Tenochtitlán.
1.502 d. C.	Sube al trono azteca Motecuhzoma II, el llamado Moctezuma por los españoles.
1.519 d. C.	Hernán Cortés llega a México.
1.521 d. C.	Tenochtitlán cae en poder de los españoles.
1.533 d. C.	Atahualpa, último inca, es derrotado por Pizarro en Cajamarca.

Europa	Resto del mundo
Hombre de Neanderthal.	Enterramientos en Próximo Oriente.
Llegan de Asia los primeros hombres de Cro-Magnon.	
Grupos de cazadores recorren el sur de Europa.	Primeros hombres en Australia.
Pinturas en Lascaux (Francia) y Altamira (España).	Primeros asentamientos en Anatolia oriental.
Extinción de los grandes mamíferos.	Asentamiento amurallado en Jericó.
Primeros asentamientos en Creta.	Anatolia: domesticación de ganado.
El mar separa las Islas Británicas de Europa.	Pinturas rupestres en Africa.
Primeros barcos en el Mediterráneo.	Primeras fechas en el calendario egipcio.
Megalitismo. Vasos campaniformes.	Utiles de cobre en Tailandia.
	Ciudades y templos en Sumer y Egipto.
Caballos salvajes domesticados en Ucrania.	Se extiende la agricultura en Etiopía, Chad, Niger.
Desaparición de la cultura micénica.	Primer diccionario chino.
Homero escribe la *Iliada* y la *Odisea*.	Asiria y Babilonia siguen en guerra.
Roma: comienza el Imperio (30 a. C.).	El budismo se introduce en China.
Invasiones de los pueblos bárbaros.	Bizancio: Marciano, coronado emperador.
El reino de Kent, cristianizado.	Nace Mahoma en La Meca (570).
Alfonso III el Magno continúa la Reconquista: en 868 había tomado Salamanca y Soria a los moros. Fundación de Cluny en Francia.	Se comienzan a escribir *Las mil y una noches*.
Hugo Capeto sube al trono de Francia. La dinastía por él fundada se prolongará hasta 1328.	T'ai Tsung completa la unificación en China. Edad de oro del arte en Japón.
Primera Cruzada.	Los cruzados conquistan Jerusalén.
Thomas Becket continúa exiliado en Francia.	El Cairo cae de nuevo en poder de los árabes.
Guerra civil en Alemania.	Los mongoles se preparan para invadir China.
Florencia, primer centro artístico de Europa.	Un nieto de Kublai Khan, Emperador de China.
Revueltas populares en Flandes.	El Islam se extiende por Africa.
Jaime II de Aragón toma Atenas y los Dardanelos.	Orichan I, primer organizador de los turcos otomanos.
Los Medici gobiernan Florencia.	El Emperador de Constantinopla pide ayuda contra los turcos.
Federico III de Austria, proclamado Emperador.	Toma de Constantinopla por los turcos (1453).
Colón regresa a España de su segundo viaje.	Expansión de Rusia bajo Iván *el Terrible*.
Henlein de Nuremberg construye el primer reloj.	Brasil reclamado por Portugal.
Carlos V es coronado Emperador.	Viaje de circunnavegación de Magallanes (1519-1522).
Dieta de Worms; Lutero, excomulgado.	Imperio otomano bajo Solimán el Magnífico.
Paz entre Turquía y Austria. Inglaterra: Enrique VIII desposa a Ana Bolena.	Solimán se anexiona Bagdad y Mesopotamia.

Glosario

australopicetinos
Homínidos de baja capacidad craneana que poblaron el continente africano. Eran bípedos y caminaban erguidos.

ayllu
Unidad social básica de los incas, de mayor importancia que la familia. Se trataba de una forma de clan que compartía territorio y recursos, asegurando la satisfacción de las necesidades básicas a sus miembros y el mantenimiento del Estado, ya que parte de su producción se destinaba al Inca y a la clase dirigente.

baby face («cara de bebé»)
Esculturas olmecas en piedra, cerámica o jade con rostros de labios negroides con las comisuras hacia abajo, como niños que estuvieran a punto de echarse a llorar.

callpulli
Cada agrupación en que estaba dividido el pueblo azteca; contaba con tierras comunales, jefes, escuelas, emblemas... Restos de los antiguos clanes, los españoles los equipararon a barrios.

cenote
Poza natural a cielo abierto formada al derrumbarse el techo de una corriente de agua subterránea. Frecuentes en Yucatán, de ellas tomaban agua potable los mayas. El más famoso es el Cenote de los Sacrificios, en Chichén-Itzá, que recibía las ofrendas a los dioses del agua, incluyendo víctimas humanas.

Cuenta Larga
Período mítico que representaba el total de la Historia maya para los mismos mayas. Sumaba 1.872.000 días (5.128 años) y estaba dividido en *kines* (1 día), *uninales* (20 días), *tunes* (360 días), *katunes* (7.200 días) y *baktunes* (144.000 días).

Chac Mool
Con este nombre se conoce a las misteriosas esculturas de origen tolteca, que se encuentran también en el área maya. La más famosa es la de Chichen Itzá, que es una piedra de sacrificios. Son siempre hombres semirreclinados sobre la espalda y los codos, con las piernas flexionadas y la cabeza vuelta hacia la derecha.

chaski
Veloces mensajeros que, corriendo en parejas y con relevos, cubrían enormes distancias transportando mensajes y objetos pequeños.

Chichén-Itzá
Ciudad maya-tolteca del estado de Yucatán que cuenta, entre otras cosas, con el mayor juego de pelota de Mesoamérica, una enorme pirámide escalonada llamada El Castillo, el observatorio astronómico de planta circular que lleva por nombre El Caracol y otras construcciones.

chinampas
Islas artificiales que los aztecas confeccionaban vertiendo tierra fértil sobre grandes armazones de varas y cañas entretejidas, y gracias a las cuales fueron ampliando la superficie útil de Tenochtitlán y La Tlatelolco.

chocolate
Para los mayas y aztecas, que lo consumían profusamente, bebida fría de cacao y agua sazonada con ajo picante, y a la que se agregaban unos granos de maíz y un poco de miel.

chuño
Harina de patata —obtenida mediante congelación a la intemperie y pisada para extraerle el agua— que podía conservarse largo tiempo. Se consumía agregándole agua y sazonándola con ajo.

Guerras Floridas
Tratado de guerra permanente que los aztecas establecieron con sus vecinos para mantener entrenados a los guerreros y asegurarse prisioneros a los que ofrecer en sacrificio. No entrañaban pérdidas ni ganancias de territorio y se acordaban previamente el lugar y el día de la batalla.

Huitzilopochtli
Dios tutelar mexica (azteca). Según la mitología azteca, tomó la forma de colibrí para indicar a su pueblo que emprendieran la larga marcha que ter-

minaría llevándolos a los lagos del centro de México.

Juego de pelota
Juego ritual relacionado con la fertilidad del agua que practicaban olmecas, zapotecas, mayas y aztecas. Tenía lugar en canchas complejas con forma de doble T, provistas de taludes, aros y marcadores; se jugaba con una bola de caucho macizo, que sólo podía golpearse con codos, rodillas y caderas.

quechua (*kechua*)
Lengua oficial del Imperio Inca; ha dejado buen número de palabras —papa, coca, cóndor, alpaca, pampa, quinina— en todas las lenguas actuales del mundo.

Monte Albán
Ciudad de la zona de Oaxaca, que mantuvo su hegemonía como capital zapoteca hasta la caída de Teotihuacán. Los arqueólogos descubrieron en ella una tumba provista de un rico ajuar funerario, buena parte del cual procedía del Perú, lo que pone de manifiesto la importancia de los intercambios comerciales prehispánicos.

nahua
Lengua de totecas, aztecas, tlaxcaltecas y otros. Idioma bien desarrollado, permite no sólo la expresión de conceptos técnicos, sino también poéticos y abstractos.

Palenque
Ciudad-estado maya. Sobresalen en sus construcciones las exquisitas figuras modeladas en estuco, sobre todo las encontradas en la cámara sepulcral del Templo de las Inscripciones, joyas del arte mundial por su realismo y armonía.

pitecantropinos
Eslabones de la evolución de los antropoides a los hombres, capaces de caminar a dos patas.

quipu
Conjunto de cuerdas anudadas y coloreadas que constituían un sistema mediante el cual se registraban y contabilizaban diversas magnitudes y acontecimientos. Las anotaciones tenían carácter nemotécnico.

rueda calendárica
Entre los mayas, combinación del calendario astronómico de 365 días y del calendario religioso de 260, lo que arroja un período de 52 años solares.

sinantropinos
Homínidos cuyos restos fósiles se descubrieron cerca de Pekín; vivieron en la misma época que los pitecantropinos y guardan cierto parecido con ellos.

Tahuantinsuyo
Así llamaban los incas a su imperio territorial en los Andes. Significa literalmente «las cuatro esquinas del mundo».

tambo
Almacén que, situado junto a los caminos del Incario —red viaria del Imperio—, servía para guardar alimentos o armas y como punto de relevo de las parejas de chaskis o corredores. Hubo más de un millar de estos almacenes diseminados a todo lo largo del Incario.

Teotihuacán
La más importante de las ciudades-estado mesoamericanas. Emplazada a 5 km de la actual ciudad de México; duró los mil primeros años de nuestra era. Llegó a albergar 125.000 habitantes y en ella se levantaron las grandes pirámides del Sol y de la Luna y otros monumentos.

Tenochtitlán
Ciudad lacustre que fue la capital del Imperio azteca. Se calcula que llegó a tener unos 300.000 habitantes, un centro monumental con 78 edificios, casas de mampostería con terrazas y jardines, dos acequias para abastecerse de agua potable y una compleja red de canales que facilitaba el transporte por canoas.

Tula
Capital de un estado posclásico que tuvo su momento de apogeo en el siglo X. Fundada por los toltecas, llegó a contar con 60.000 habitantes y en su centro ceremonial se levantaban dos grandes templos piramidales, el del Sol y el de Quetzalcoatl.

Indice alfabético

Bibliografía

Alcina Franch, J., y Palop Martínez, J.: *Los incas*. Biblioteca Iberoamericana, núm. 1, Anaya, Madrid, 1988.

Alcina Franch, J.: *Los orígenes de América*. Alhambra, Madrid, 1985.

Ballesteros, M. y León-Portila, M.: *Los aztecas*. Cuadernos Historia 16, núm. 27, Madrid, 1985.

Blasco, C.; Ramos, L., y Sanz, A.: *América prehispánica*. Gran Historia Universal, vol. XXVI. Club Internacional del Libro. Madrid, 1986.

Bosch Gimpera, P.: *La América prehispánica*. Ariel, Barcelona, 1975.

Bravo, M. C.: *El tiempo de los incas*. Alhambra, Madrid, 1986.

— *Los incas y sus dioses*. Cuadernos Historia 16, núm. 147, Madrid, 1989.

Bravo, M. C., y Usera, L.: *Los incas*. Cuadernos Historia 16, núm. 49, Madrid, 1985.

Carrasco, P.: *América indígena*. Historia de América Latina, vol. I. Alianza Editorial, Madrid, 1985.

Ciudad, A.: *Los mayas*. Biblioteca Iberoamericana, núm. 8. Anaya, Madrid, 1988.

Davies, C.: *Los aztecas*. Destino. Barcelona, 1977.

Lucena Salmoral, M.: *Historia de Iberoamérica, vol. I: Prehistoria e Historia Antigua*. Cátedra, Madrid, 1987.

— *América 1492*, Anaya, Madrid, 1990.

— *Así vivían los aztecas*, Col. «Biblioteca Básica de Historia», Anaya, Madrid, 1992.

Ramos Gómez, J., y Blasco, C.: *Culturas clásicas prehispánicas*. Biblioteca Iberoamericana, núm. 22. Anaya, Madrid, 1988.

Rivera Dorado, M.: *Los mayas de la antigüedad*. Alhambra, Madrid, 1985.

Rojas, J. L.: *Los aztecas*. Biblioteca Iberoamericana, núm. 30, Anaya, Madrid, 1988.

Sánchez Montañés, E.: *Arte indígena sudamericano*. Alhambra, Madrid, 1985.

— *La cerámica precolombina*. Biblioteca Iberoamericana, núm. 6. Anaya, Madrid, 1988.

Wachtel, N.: *Los vencidos. Los indios del Perú frente a la conquista española*. Alianza Editorial, Madrid, 1976.